うめきから始まる信仰

信じても、まだちょっと苦しい人へ

中村 穣

いのちのことば社

装丁・イラスト＝屋島志緒

序文

信じてもまだ苦しいというか、それでも、苦しい時ってありますよね。二〇二一年に出版した『信じても苦しい人へ――神から始まる「新しい自分」』（いのちのことば社）では、苦しみがなくなることが本当の解決ではないことについて記しました。でも、目の前に葛藤がある時に、どうやって神さまから始まる自分を見出すのかがわからない――そんな声をたくさん聴きました。

それなので、この本では苦悩の葛藤が結果ではなく、信仰においては超越したところにおられる神さまと出会うための入り口であることを紹介したいと思っています。それは「見えない世界」への旅路です。わからない部分を了承しながら、神さまを信頼していく信仰の道です。祈りがきかれることをゴールとするのではなく、祈っているその中に、神さまがいてくれることを見出す旅路です。

そうすると、解決していなくても、神さまがいつも一緒にいてくれることがわかります。そこで出会う神さまは**「超越した神」**です。目の前の状況に左右されず、いつでも私たちのために愛を注ぎ続けてくれる神さまと出会うことができます。それが、この本の目標とする**「超越した信仰」**です。

この本は三部で構成されています。第一部では、超越した神さまと出会った私の証《あかし》しを通して「うめきから始まる神の愛」について語っています。第二部では、聖書のみことばを通して超越した見えない神さまと出会う手段について語っています。そして、最後の第三部では超越性の世界観を示すメッセージを紹介しています。

「不当な苦しみを受けることになっても、神がそうお望みだとわきまえて苦痛を耐えるなら、それはみこころに適うことなのです。」

（ペトロの手紙第一、二章一九〜二〇節、新共同訳）

この聖句を超越性なし（表面的）に読むと「ここまであなたががんばれば助けてあげよう」と読み取ることもできますが、超越した視点で読むと少し違うニュアンスが生まれます。「神がそうお望みだとわきまえて」は、ギリシア語では、「神の良心を通して」（Through, with）という意味です。「苦痛を耐えるなら」は、「苦痛や悲しみを主にゆだねるなら」（put it up）というニュアンスです。

　そのことを踏まえてこの聖句を読んでみると、「私たちが苦痛や悲しみを主にゆだねる時、そこに神さまがおられ、私たちの苦悩を知っていてくださる」という**神さまとの関係性**が書かれていることがわかります。

超越的な信仰は、私たちが何かをしたら神さまが喜んでくださるという、私たちの**行動の先**に救いや赦しを見出すのではなく、私たちがうまくできなくても、苦悩があったとしても、そこに赦しの神さまがいてくれるという、**行動の手前**で神さまの恵みを受け取る世界観です。

あなたがうまくできないで失望しているとき、イエスさまはあなたにただ解決策を提示するのではなく、その苦しい思いを受け取ってくれるのです。

どうしてイエスさまは受け取ってくれるのでしょうか？　それは「〝本当のあなた〟は神さまから始まる」ということを教えるためです。何かがうまくできたからではなく（行動の先）、神さまがあなたにしかできない計画をゆだねて、あなたを必要として、あなたを創造してくれたところに自分の存在意義を見出し（行動の手前）、恵みを受け取るためです。あなた自身が神さまから始まっているゆえに、神さまはあなたを愛し続けていくということを信じるためなのです。

解決を求めているとき、そこまでの道には神さまがいないと感じてしまいます。でも、超越した神さまからあなたが始まるとき、そこには、あなたを見捨てない（ヨシュア記一章五節）という神さまがいつも共にいてくれる平安があることを知るのです。

共に超越した世界観を味わう旅へ出かけたいと思います。

うめきから始まる信仰◉目次

序文　3

I　「塀」の中のあなたに送る片道書簡……13

第1信　新しい自分への扉　14
第2信　アメリカへ　21
第3信　人に寄り添う愛　27
第4信　弱さという価値　33
第5信　新しい自分との出会い　39
第6信　だれかのための自分　46
第7信　新しい旅へ　52
第8信　牧師への道　58
第9信　上野公園の炊き出し集会　65
第10信　人との壁を越える愛　72
第11信　人の居場所となる教会　78

第12信　訂正ではなく、包み込む愛　85

Ⅱ　「わからない」ことの中で……91

第1信　「試練」は喜ぶべきもの!?　92
第2信　愛のない者と愛のある者の違い　97
第3信　うめきの中から始まる愛　104
第4信　信仰には不要な「こうしたらいいよ」　109
第5信　「うまくやろうとする」対「生かされている」　115
第6信　主のほうに向き直れば……　121
第7信　平和を望んでも平和にならない理由　127
第8信　時には楽しく聖書を読んでみる　132
第9信　「いいね」と言い合えないところにある愛　137
第10信　求めているのは安堵感？　それとも解放感？　142
第11信　「神から始まる自分」を受けとめるために　147

おまけ漫画「超越って何？」 152

III 神からあなたへの片道書簡～超越と内在のメッセージ～……… 155
メッセージ1 キリストのために苦しまなくてはいけないの？
ピリピ人への手紙一章二九節 156
メッセージ2 自分を捨てないと従えないの？
マルコの福音書八章三四～三五節 167
メッセージ3 私の弱さを受け取る主 ～トマスの信仰～
ヨハネの福音書二〇章二四～二九節 178
メッセージ4 マルタの行動の中にある静けさ
ルカの福音書一〇章三八～四二節 190

あとがき 202

I

「塀」の中のあなたに送る片道書簡

第1信　新しい自分への扉

私たちはだれでも、人には見せられない心の〝塀〟の奥にひそむ自分がいます。

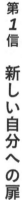

まず、「行動の手前」で神さまの恵みを受け取るには、自分のこの〝塀〟を取り壊していくことが必要です。人に見せない心の奥にいる自分へ問いかけていくことから始めたいと思います。この片道書簡（手紙）を、塀の中にいるあなたへの語りかけとして、ぜひ読んでいただきたいと思います。

塀の中はとても冷ややかで孤独です。気の合う友だちがいても、やはりどこか孤独感が存在する。いろいろ考えようとしても、どこから始めていいかわからない。夕暮れ時の寂しさの中、途方に暮れるような感じです。この塀は、「どうしてわかってくれないのか」という思いです。この思いは人と人との間に隔たりを作ります。そして、どうせだれも自分のことをわかってはくれないと思い始めてしまうのです。どうせ話しても無駄だと嘆き、どうせ自分なんて……と弱音を吐くのです。

この片道書簡は、塀が作り出す孤独を感じている人に送るものです。その孤独を解決することが書いてあるわけではありません。そのような解決は、手紙を送る私も持っていないのです。ただ、その孤独を通してお互いを確かめ合いながら、「神から始まる自分」を見出したいという思いで書いています。孤独を感じないことがゴールではなく、逆に孤独の中から「新しい自分」が始まるという真実を見つけ出したいと思っています。

そのためには、この手紙を読んでくださるあなたが必要です。あなたの存在を通して、私の孤独に光が届くのです。この手紙を読んで、あなたの孤独にも光が届くことを祈りつつ、書き進めていきたいと思います。

劣等感

私は、左手の指がないという障害をもって生まれました。小さい時に母が私を抱きしめて「ごめんね、私のせいで」と泣いた時に、私の心に大きな〝塀〟ができました。私は「ごめんね」と言われる存在なんだと受け止めてしまい、そこから孤独な生活が始まりました。

みんなが楽しそうに休み時間に遊んでいても、私はひとりで鉄棒の練習を泣きながらしていました。〝あいつは左手の指がないから、鉄棒はできない〟と思われるのが我慢できなかったからです。必死に練習をしてクラスで一番鉄棒が上手くなりました。でも、それと同時に私は努力しないとみんなと同じになれない、足りない存在なんだと思ってしまったのです。私は人よりも劣っているから努力して当たり前。そんな気持ちでいっぱいでした。

だれも私の思いを理解してくれない――。

とても孤独でした。泣いてばかりいたので、次第に私の心から喜びが消えていきました。喜びよりも達成することによる安堵感。これができたら、私の弱さは見えなくなるだろうと思っていたのです。

でも、やはり、私の弱さは何度も克服したと思っても、再びやってくるのです。そのたびに「自分はだめだ」と、どんどん孤独を感じるようになっていきました。

心に壁を作る

もう、どうすることもできないと人生をあきらめかけた時に、私は葛藤している自分のことは捨てて、その葛藤している自分を客観的に見ている冷めた自分で生きるようになってしまいました。自分の弱さを〝塀の中〟に押し込めるために、徐々に塀を高くしていく必要があったのです。

そして、もっと孤立していきました。自分さえも、この塀の中にある自分の気持ちが見えなくなってきました。どうしてわかってもらえないのかと考えることに疲れていた私は、人との間に壁を作りました。

次第に何も感じなくなっていき、喜ぶことの意味が見出せなくなってしまいました。人から見下されることで、自分の存在を確認するようになっていきました。もう自分の力ではどうすることもできない状態となっていくのです。

アメリカへ家出

とうとう生きていくのに疲れ果ててしまい、毎日死にたいと思ってばかりの日々になりました。日本にある常識的価値観と、人と同じように生きなくてはという視点が、私の心に鋭い矢のように突き刺さりました。もう自分からは何もできないとわかったとき、私は親にも内緒でアメリカに家出する計画を立てました。十八歳の時です。だれも知らない場所に行けば、新しく人生を始められるかと思ったのです。もう私には逃げることしかできませんでした。

アメリカに着くと仕事を探し始めました。でも、すぐに見つかるわけはありません。途方に暮れているとき、ひとりの牧師が私の前に現れました。アメリカの大地のただ中で、ひとり孤独に苦しんでいる無鉄砲な私に、「私のところへ来なさい」と声をかけてくれたのです。

聖書には、イエスさまが語られたこんな言葉があります。

「すべて疲れた人、重荷を負っている人は、わたしのもとに来なさい。わたしがあなたを休ませてあげます。」

（マタイの福音書11章28節）

孤独に生き、心を閉ざしてきた私の胸に届いたひとつの言葉は、「わたしのもとに来なさい」というものでした。それは、どんなあなたでも神さまは必要としているということを教えてくれます。私は自分をあきらめていました。でも、私をあきらめないイエスさまが呼んでいてくださるのです。
私のアメリカでの旅は続きます。

第2信　アメリカへ

アメリカに家出をした無鉄砲な私を助けてくれた先生（牧師）が私のアメリカでの親となり、面倒をみてくれることになりました。

まずは語学が必要だということで、先生が紹介してくれた英語学校に入学しました。先生の住むところから車で四時間離れた田舎の大学で、大学生が夏休みの間に、留学生が集まって寮に住みながら英語を学ぶのです。

学校が始まって驚いたのは、この学校にはアメリカ人はいなく、みんな日本人だったことでした。日本でいじめられて、日本が嫌になってアメリカに逃げてきたのに、またしても日本人との生活が始まったのです。

ひきこもり

英語学校にいる留学生はみんな年上でした。みんな英語もしゃべれて、楽しそうに、毎晩夜中までパーティーをしていました。私はそんな先輩たちを尊敬できず、敬語が使えませんでした。必死に生きるためにアメリカに来た私には、どうしても彼らの行動が理解できなかったのです。

一か月くらいすると、私は全員から無視されるようになり、また孤独になりました。ある日の英会話の授業で冷蔵庫（refrigerator）という単語が発音できなくてバカにされ、クラスの笑い者にされて以来、授業にも行けなくなり、ひきこもりになりました。

夜中に無言電話が何度も鳴ったり、大切にしているCDを貸してくれと言われて貸して、却ってきたらCDに傷がつけられていて聴けなくなっていたりしました。

食堂にはみんながいるから食べに行けず、小さなスーパーで買ってきたパンとハムをサンドウィッチにして、ひとりで部屋で食べながら、毎晩泣いていました。どうしてこんなところに来てしまったのだろう、と自分を責めてばかりいたのです。

孤独

知らない国に行って、ゼロから始めれば何かが変わると思っていました。でも、実際には何も変わりません。今度は言葉もわからず、話す相手もいなくなりました。もう逃げ場がなく、自分がおかしくなっていくのがわかりました。部屋の窓から夕日をひとりで見ながら、自分のちっぽけさを感じました。もうこのまま死んでしまいたいという思いを抱きながら、明日が来ることが不安でした。

広い大地に溶けてしまいそうな自分を〝塀の中〟にただ押し込めていくしかなかったのです。心は空っぽになり、そこからどうやったら脱出できるのかわからない状態でした。

差し入れの恵み

ある晩にお腹を空かして部屋に閉じこもっていると、ドアをノックする音が聞こえました。ドアを開けるとひとりの青年が立っていました。「入っていいかい？」と声をかけられ、とっさに「どうぞ」と答えました。

また意地悪をされるのかと不安になっていると、彼は床に座って、自分のことを話し始めました。自分も夢を抱いてアメリカに来たこと。でも、すぐに人に騙《だま》され一文無しになったこと。孤独に耐えてきたこと。だからこそ、私の突っ張った反抗的な態度が理解できること。だから一緒に語り合おうと思ったこと。他の人たちと違うことをするのを選ぼうとしたこと――。

私ははじめて、自分の中にある思いと同じ思いを持っている人に出会いました。生きづらくて苦しかったのは自分だけじゃないことがわかって、涙が出てきました。

彼は話し終えるとまっすぐな目で私を見て、今度は私の話を聞いてくれました。彼以外の人は私をうわべだけで判断し、見下していました。でも、彼は私の内側の葛藤をそのまま聞いてくれたのです。ありのままの自分が受け入れられた、はじめての時間でした。長い時間が過ぎました。でも、本当に一瞬のような出来事でした。

三十年たった今でも、この時のことを覚えています。それは、私が孤独だった時に、そこに来てくれて、私の苦悩を自分のことのように受け取ってくれたからです。彼との時がなければ今の私はいません。そのくらい大きな励ましとなっているのです。

その時抱えていた問題が解決したわけではないのですが、それでも、その問題のただ中にいた私のうめきを受け取ってくれる存在がいたことで、また生きていく希望が与えられたのでした。

私たちが苦しい時、孤独だと感じる時、イエスさまも私たちの思いを聞いてくれます。

　聖書に、「恐れてはならない、わたしはあなたと共にいる。驚いてはならない、わたしはあなたの神である。わたしはあなたを強くし、あなたを助け、わが勝利の右の手をもって、あなたをささえる」（イザヤ書41章10節、口語訳）とあります。

　あなたがイエスさまを心から信じる時、神さまであるイエスさまがそっと寄り添い、話を聞いてくれるのです。その時から、あなたはひとりぼっちではなくなるのです。孤独に感じる時はあるかもしれません。でも、イエスさまはいつもあなたと共にいてくださるので、あなたは二度とひとりぼっちにはならないのです。

第3信　人に寄り添う愛

私の思いを受け取ってくれた青年に助けられ、ひとりぼっちではなくなりましたが、でも、やはり授業には行けず、部屋にひきこもり弱気な孤独の日々でした。

でも、彼のおかげで〝生きていこう〟という思いが生まれました。私自身は相変わらず、何もできないでいたのですが、心の中には根拠のない漠然とした希望の光が射してきたのです。部屋の窓から見る景色の色が変わっていくのを感じました。

そんななか、とうとう期末試験が迫ってきました。試験は受けなければと葛藤したのですが、やはりどうしてもクラスに行くことができず、落第が決定しました。数日後、先生から「明日迎えに行く」と連絡が入りました。せっかく面倒をみてくれると言われたのに自分は何をしているのだろう。もう見放されて、日本に帰れと言われるのではないか、と不安になりました。怒られるかなと心配になりました。

アメリカに来れば変われると思っていたけれど、何も変わらない自分に嫌気がさしました。生きたいという希望があるのに、何もうまくできない自分のアンバランスさに打ちのめされていました。

最後の日の決戦

その晩に事件は起きました。日本人留学生が全員で一斉に私の部屋に来たのです。そして、みんながひとりずつ私の悪口を言ったり、弱さを指摘したりしました。

「おまえはアメリカでやっていけない。」「何もできないおまえは日本に帰れ。」「おまえの居場所はここにはない。」「落ちこぼれだ。」

感情が凍ってしまい、涙も出ませんでした。私は何も言えずに呆然《ぼうぜん》としていました。そして、みんなが部屋から出て行った後に悔し涙を流しました。もう自分は死んだほうがいいと思ってしまったのです。人に見放され、居場所も失い、もう自分ではどうすることもできない状態でした。

青年の言葉によって

あの晩のことを思い返すと胸が苦しくなると同時に、一つの光を見出します。

じつは、以前私の思いを聞いてくれた青年は、みんなが一斉に来る前に私の部屋に来てくれていたのです。みんなが私に文句を言いに来る計画を聞いて、自分はみんなと同じ行動をするのではなく、ひとりでいる私のそばにいてくれることを選び、一足早く私の部屋に来てくれていました。彼はどうして来たかも言いませんでした。みんなが私の悪口を言っている時も何も言わずに、ただそばにいてくれたのです。ここで何か反論しても何も生まれないことを知っていたのだと思います。

彼が一枚のはがきを残していきました。そこには短く、「俺も負けないから、おまえも負けないでくれ」と書いてありました。こんな私がだれかに思われている。それを思うと勇気が湧いてきました。そして、この言葉は私の生きる力となっていきました。

その後の人生で、この言葉に何度涙し、励まされたかわかりません。人と違うことをするのは勇気がいります。それでも、小さい存在の苦悩に寄りそうことを選んでくれた彼の思いによって、私はそこから再び立ち上がることができたのです。

先生の愛によって

苦しい晩が過ぎ、嵐の後のように静かな朝になり、先生が車で迎えに来ました。怒られると思って、私は先生の顔を見られずにいました。もう見放される。日本に帰れと言われると思っていました。

でも、先生はうつむく私に笑顔で話しかけてくれたのです。期待を裏切った私に落胆するのではなく、抱き寄せ、励ましてくれました。そして、自分が働いている大学に行けるようにしたからと話してくれました。こんな大きな失敗をしたにもかかわらず、次なるチャンスを与えてくれようとしている姿に涙しました。心身共にぼろぼろの私でしたが、先生の寛大な心に救われた瞬間でした。

人は人に期待します。それに応えると愛してくれるという関係です。でも、失敗ばかりしている自分をそのまま受け入れてくれた先生の愛は理解不能でした。どうしてここまで私を受け入れて、そばに置いてくれるのかわかりませんでした。怒られて当然のことをしているのです。でも、先生は私をあきらめずにいてくれるのです。

今までの人生では、〝これをしたら受け入れてくれる〟という条件付きの愛しか体験していませんでした。その中だと、「あなたは今のままではだめだ」と言われている気がして、その愛を受け取れずに生きてきました。

自分は障害者で足らない者だから、努力しないとみんなと同じスタートラインに立てないのだと思って生きてきました。そして心に壁を作り、何もかもうまくいかなかった人生でした。でも、先生は私をありのまま受け止めてくれたのです。

今まで感じたことのない愛を感じました。それが神さまの愛であることを後から知ることになるのですが――。


「神は真実な方です。あなたがたを耐えれないような試練に遭わせることはなさらず、試練と共に、それに耐えられるよう、逃れる道をも備えていてくださいます。」

（コリント人への手紙第一、10章13節）

第4信　弱さという価値

人生の再出発のきっかけは、突然思いもしないところからやって来るものです。人生がうまくいく方法が書いてある本は、書店の棚にたくさん並んでいます。でも、それを読んでも人生がうまくいかないものです。なぜなら、その本には成功例しかないからです。他人の成功例を参考にしても、人生はうまくいかないものです。

ある作家が、「一人の売れっ子作家の陰には、百人の売れない作家がいるものだ」と言っていました。売れなくてもやり続ける根性や信じて進む勇気がそこにはあります。ここにこそ、人生において大切なことを教えてくれる教材がたくさんあるものです。

私の人生の再出発も、そんな失敗の連続の中から突然やって来たのでした。

大地を目の前に

先生の家は丘の上にありました。真っ赤な太陽と大きな空とどこまでも広がる庭の芝生のいい匂いがしました。

学校が始まるまで、私は先生の家でお世話になることになり、毎日広い庭の芝生を刈る仕事をしていました。それはなんとも気持ちがいいもので、私の孤独な冷え切った心が溶けていくのを感じました。

暑い夏の日々でした。途中でいつも先生がコカ・コーラを持ってきてくれました。そんな小さなことにも、孤独な私は愛を感じました。こんな弱く、何もできない私でも、家族として迎え入れられ、ここにいていいんだという安心感を与えてくれたのです。

次第に、与えられた自分の部屋で、私は静かに聖書を読むようになりました。

聖書のコリント人への手紙第一、一二章に、私たち人間の存在を体で表しているところがあります。体は一つでも、そこにはたくさんの部分があり、それぞれが違う役割があるというのです。足が「私は手ではないから体の一部ではない」と言っても体の一部でなくならない。かえって、体の部分が全部目だったら、どこで聞くことができるか。だから多くの違う部分があっても、それらは必要な体の一部だというのです。

「頭が足に向かって『あなたがたはいらない』と言うこともできません。それどころか、からだの中でほかより弱く見える部分が、かえってなくてはならないのです。」

（12章21〜22節）

私は人よりも劣っていると思って生きてきました。自分は弱い存在で、努力しないと一人前になれないと思っていました。

でも、聖書の中には私の生き方以前の、私の存在の価値について書かれていることに気づきました。人よりも弱い部分である私が必要だと言ってるのです。最初は理解できませんでした。弱さは克服するものだと思っていた私にとって、弱さは忌み嫌うものでした。自分の価値はないものだと思っていたのです。

どうしてそう言えるのか知りたくて聖書を読み続けました。聖書の一番最初に「創世記」という書があり、そこに神さまが人間を創造したと書いてありました。しかも、全知全能の神さまが自分に似せて人間を大切な存在として造り、その存在を極めて良いとしたというのです。

弱さという価値

〝弱さ〟というものが、人との比較の中に生まれた価値観であることがわかってきました。人よりもうまくできたかどうかで自分の価値を見出していたのです。

それは、いつまでも続く比較戦争の中にいるようにつらいものです。いつでも人と比べて自分を蔑《さげす》むというパターンです。それでは心は休まりません。

聖書の神さまと出会い、行動の先ではなく、行動の手前にある自分という存在は、ありのままで価値があると知りました。「何ができる」で表されない、「何もできない」自分。それは、まさにアメリカの地で孤独を感じていた私のことでした。できることが何もない自分に価値がないと思っていた私に、何もできない、弱さに価値があると聖書は教えてくれたのです。

はじめてありのままの自分が受け取れた気がしました。必死にだれかになろうとしてきた人生でしたが、神さまが造ってくれた私にこそ価値があることを受け取り、感動して、涙しました。

自分だけではない自分。神さまが私を必要とし、造ってくれた自分。私は孤独でしたが、ひとりぼっちではないということを知ったのです。

「『わたしの恵みはあなたに十分である。わたしの力は弱さのうちに完全に現れるからである』と言われました。ですから私は、キリストの力がおおうために、むしろ大いに喜んで自分の弱さを誇りましょう。」

（コリント人への手紙第二、12章9節）

第5信　新しい自分との出会い

第4信の中で紹介した聖書の箇所には、続きがあります。

そこには、他よりも劣っている部分も必要で、「みんなが助け合うのが体なのです」とありました。

聖書を読み進めていくと、書いてある内容がはっきりとはわからないのですが、どうしてか心に留まるという言葉があるのです。どうしてかなと考えてみると、聖書の言っていることは、私にとってはじめての視点で書かれていることが多く、自分の中にあった〝これはこうだ〟という固定観念が崩れていくのを感じていました。

聖書の言葉

聖書の中には、それを克服するためにがんばるのではなく、そのままの自分を受け止めてくれる言葉がたくさんありました。何だか読んでいると安心感が湧いてきました。

でも、私は左手の指がないことへの劣等感を長い間持っていて、そのままの自分が嫌いだったので、何とも言えない心のぎこちなさがありつつも、聖書の言葉を理解し始めていきました。そのままの自分を認めてくれる喜びもあるのですが、どうしても、弱さを持つ自分が好きになれず、それと同時に「普通になりたい」という思いがあり、その二つの思いが対立している感じがしていました。

「一つの部分が苦しめば、すべての部分がともに苦しみ、一つの部分が尊ばれれば、すべての部分がともに喜ぶのです。」

（コリント人への手紙第一、12章26節）

次に出てきたのがこの言葉でした。この言葉を読んで、自分には他の部分と表されている〝他者〟が周りにいなかったことに気がつきました。自分の弱さばかりに心を支配されてきて、孤独に生きていたからです。

それでも、いろんな人が周りにいたはずです。時には私の話を聞いてくれたり、時間を共に過ごしたりしてくれたはずです。でも、孤独感しか残っていませんでした。

そして、この言葉を読んだ時に、私は今まで自分のことしか考えてこなかったことを思い知らされました。自分の思いをわかってほしいという思いばかりに支配されていました。自分の心が自分のことでいっぱいになっていて、周りの人の言葉や励ましが受け取れなくなっていたのです。

それが、私のそばにいてくれた青年や、失敗ばかり繰り返す私を受け入れてくれる先生の存在によって、少しずつ心が広がっていくのを感じました。自分が苦しかったのは、自分の心が自分の中にある苦しさのことばかりを考えていたからで、自分との距離が近すぎたことがわかったのです。

心の解放

たしかに苦しみもありました。でも、少し距離をおいて自分を見てみると、苦しみだけではなく、日常には楽しさもあったことに気づきました。アメリカでの生活はすべてが新しい経験でした。朝起きたらベッドをきれいにします。朝ご飯には、コーンフレークに四リットルのボトルに入ったミルクをかけて食べました。広い庭で芝を刈ること。道を歩くとだれとでも挨拶をします。ドアは必ず次の人のために開けて待ちます。ステーキは分厚くて、ものすごいボリュームだけどパンと食べます。テレビを見ても理解できないので早く寝ます。寝る前には、神さまにお祈りをして寝ます。そして次の日の朝には、嗅いだことのない空気のいい匂いに包まれて、気持ちのよい朝を迎えるのです。

日本ではあった〝あたり前〟がなくなったことで、すべてが新鮮に見えました。そして自分の心も、凝り固まった何かが溶けはじめていき、もう少し広い視点で自分を見ることができるようになったのです。

「あなたがたはキリストのからだであって、一人ひとりはその部分です。」

（コリント人への手紙第一、12章27節）

新しい自分

先生と共に生活する二か月間で、自分の何かが変わりました。何も諭《さと》されることはありませんでした。先生は、弱い私をただ黙って受け入れ続けてくれただけなのです。

車の免許を取るために先生の車で練習をしていました。ある日、教会の玄関に突っ込んで車を壊してしまったことがあったのですが、叱られませんでした。何もできない私のそばにいても、先生は何も言いません。言われたことと言えば、破れたジーンズのことくらいです。

そんななかであっても、私は卑屈になり、自信もなく、死にたいという思いに支配される時もありました。そんな時には先生が話を聞いてくれました。最後にはいつも苦しい思いを打ち明けて、何度も死にたいと伝えていました。

ある時、「もう死にたいのはわかったから、何度も言わなくていい」と言われ、先生が話し始めました。

「いろんなつらい体験をしてここまで来たおまえだからこそ、わかってやれることがある。将来、おまえと同じようなつらい体験をしてきた人が目の前に現れた時に、その人を救ってあげれるのは同じ体験をしたおまえしかいないのだから、将来出会うであろう、その人のために生きてみなさい。順風満帆にストレートに生きてきた人にはわかってあげられないのだから、孤独を知るおまえは人生を人のために生きなさい。」

自分の中に何もない私は、その言葉に半分騙《だま》されたように、「はい」と返事をしました。ここから私の新しい人生が始まるのです。

第6信　だれかのための自分

最近、自分のことばかりをこの手紙の中で話しているなぁと気づき、落ち込んでしまいました。

なぜなら、自分のことよりも、あなたの話を本当は聞きたいと思っているのです。自分の思いが溶けて心に空白が生まれ、あなたのことを知りたいという思いによって、自分の心に光が射す瞬間があります。そんな時に、「人間ってひとりで生きているんじゃないんだな」と感じて、涙が出ます。変なことを言ってると思われそうですが、この瞬間って大切だと思うのです。

というのは、世間では、〝自分を愛せないと他者を愛せない〟と言いますが、でも、本当にそうなのかなと、このあいだコーヒーを飲みながら一人で考えていたのです。たしかにそういう面もあるとは思うのですが、もし、自分を愛する愛が〝自分のことを第一にする〟というものだったら、人を二の次にしか思えないしな、と考えたわけです。

自分の人生を振り返ってみて、愛を感じた瞬間というのは、自分を愛せないと感じていた時に、そんなちぐはぐな私にさえも寄り添ってくれた先生のおかげなわけです。そう考えると、「自分を愛する」とは自分を第一にすることではなく、ありのままの自分を見つめることかなぁと思いました。

愛せないような自分も、自分の一部として受け入れてあげるようになると、人との関係が見えてくるのかなと感じました。あっ、また自分の話をしていますね。ごめんなさい。

そんなことなので、あなたとの時間を大切に思っていることを知ってもらいたいと思っています。この手紙を読む時には、ぜひ、私はあなたのことを聞いていると思ってくださいね。

新しい指針

無鉄砲にアメリカに家出してしまった私も、少し自分のわがままが見えてきました。家出した時は、自分のつらい思いばかりが心にあって、それしか見えていませんでした。自分が他人に迷惑をかけているなんて思いもしませんでした。でも、ひとりになって孤独の中で、大きな壁を目の前に自分ではどうすることもできないという絶望感の中にいた時に、「将来出会うであろう、その人のために生きてみなさい」と先生に言われ、新しい人生を歩み始めた私でした。

それは本当に思いがけないことで、自分の中にはまったくなかった思いなのですが、自分の中が絶望で空っぽだったゆえに、空間があったのですね。その新しい指針が、すっと自分の心の中に入り、すっぽりとフィットした感じなのです。人のために生きるということの意味もわかるはずがない私ですが、人のために生きるという指針を持って新しい人生を始めるわけです。

それを理解したわけでも、また、その人生に魅了されたわけでもありません。ただ、自分の心が空っぽだったからです。それはまるで、自分の外から自分が始まったような感覚です。でも、それがまた新鮮で心地よく感じていました。

先生の家の部屋でひとり聖書を読んでいた時に、こんな言葉に出合いました。

「わたしはあなたがたに新しい戒めを与えます。互いに愛し合いなさい。わたしがあなたがたを愛したように、あなたがたも互いに愛し合いなさい。」

（ヨハネの福音書13章34節）

自分のことしか考えてこなかった私でしたが、人間はお互いに助け合うということができるのかと思うと、なんだか嬉しくなったのを覚えています。

自分一人ではできないことも、助け合ったらできるかもしれない。また、自分の中にある失敗や遠回りした道も神さまは人を励ますために使ってくれるということを言っていた先生の言葉を思い出して、何とも不思議な感覚になりました。今までは、自分の弱さを隠して、見ないように生きてきました。でも、今はその弱さの意味を考えるようになっていました。これって失敗じゃないんだとわかってきたのです。

また、先生とご飯を食べていた時に、人間は神さまが造った存在だと教えてくれたことがありました。私たちは偶然の産物ではなく、目的を与えられ、神さまが愛をもって私とあなたを造ったというのです。今まで自分なんていなくてもいい存在だと思っていたけど、神さまが私を造ったということを聴いて、何だか涙が出てきました。造られた存在なんだって。

神さまは一人ひとりに違う個性を与え、そして、その人にしかできない目的を与えたというのです。これまた感動でした。神さまが私を愛しているなら、私も自分を大切にできるかなとはじめて思ったのです。神さまが私をこのように造ったのであれば、この左手は欠けではなく、人とは違う目的があるということですもんね。

どうでしょう。あなたも自分なんてと、自分の存在を卑下してしまう時もあるでしょうか？　でも、ぜひ思い出してください。私もあなたも神さまが愛をもって、あなたにしかできない目的をもって造られたことを。

今度は、あなたの昔話をゆっくり聞かせてください。楽しみにしています。

第7信　新しい旅へ

外を歩いていると、さわやかな風を感じる時があります。何かにしがみつくことが多い日常ですが、この風に身を任せてみるのも悪くないなと感じたりしています。

そんなさわやかな風は、アメリカでの生活を終えて日本に帰国し、再出発した初夏の日を思い出させてくれます。きょうはそのことについて、書かせてください。

逃げた母国へ帰る

二か月の先生との生活を終えてから、先生が教える大学に入学しました。英語もろくに話せない私でしたが、必死に四年間がんばりました。先生から言われた、「将来出会うであろう、その人（同じように孤独で苦しんでいる人）のために生きてみなさい」という言葉を胸に、いろんなことを体験することができました。時にはくじけそうになりましたが、自分のことを思ってくれる人が近くにいることで、何とか前向きに過ごすことができたのです。

卒業が近づいてきた時、日本には二度と帰らないと決めてアメリカへ家出した私でしたが、日本に帰る決心をしました。一回は逃げた私です。でも、逃げる人生ではなく、立ち向かう人生を進もう、神さまが私に与えてくださった人生を精いっぱい生きてみようと思ったのです。

先生と別れる時に最後の挨拶をしました。心を込めて感謝を伝えると、

「私に礼は要らないよ。その代わりに、私があなたにしたことを今度はあなたが、助けを求めてくる人にしてあげなさい」と言われました。私は涙を隠しながら飛行機に乗り込みました。

久しぶりの日本

久しぶりの日本はまるで違う国のように感じました。空港からの電車に乗り、座っている人たちの顔を見ると、みんな同じ顔に見えました。人と同じことができないでいた自分は、はたしてうまくやっていけるのだろうかと不安になりました。でも、恩師である先生からの言葉を思い出し、これから生きていくための指針を再確認しました。

すると、同じように見える表情の裏にも、いろいろな葛藤や生きにくさが隠れているのだろう、みんな孤独を抱えているのだろう、と感じたのです。そんな心の闇にだれも光を照らすことはできないけれど、神さまは希望の光を射し込ませることができると確信しました。そして、アメリカで孤独だった私を励ました神さまの愛は、この世のみんなに与えられているものなのだと思ったのです。

でも正直に告白すると、だからといって、どうやって生きていけばいいのか、よくわかっていませんでした。自分の中には絶望しかなかったような私です。日本の社会ですべてに失敗し、逃げ出したような私なのです。だれがそのような者の話を聞くでしょうか。だれも見向きもしないだろうと思いました。

まして自分には、夢や何かになろうという考えもありませんでした。ただ恩師からの一言、「将来出会うであろう、その人のために生きてみなさい」という言葉しか持ち合わせていなかったのです。でもその時、「同じようなつらい体験をしてきたおまえだからこそ、人に光を与えられるのだよ」と言われたことも思い出して、心が励まされました。

生きる希望

帰国してから数日後、久しぶりの道をひとりで歩いていました。生まれ育った町のお豆腐屋さん、通っていた学校、よく遊んだ公園。それらを見ながら歩いていると、心に温かい風が吹いてきました。いつもひとりで見ていた風景でしたが、今はひとりではないという感覚がありました。

たしかに、どうやって生きていけばいいのかはわからないままなのですが、それでも、生きる希望が光となって心に射していました。心の中にある先生の言葉から、生きる力が湧いてくるのを感じました。以前は孤独でした。でも、自分は神さまから造られた存在であることを知った新しい私は、孤独ではなく、いつも神さまから愛されているのだとわかったのです。

その時、一つの気づきが与えられました。それは、どうやって生きていけばいいのかがわからなくても、生きる力は与えられるということです。

この社会では、生き方が定まらないと生きている意味がないかのように言われます。何が得意で、何ができるのか、それをどうやって活かし、どんな職業に就くのかといった選択をうまくしないと、生きる価値を見出せないかのように言われます。でも、生きる力は、うまく選択できなくても、神さまから一人ひとりに与えられているものなのです。

あなたはこの希望を心に持っているでしょうか。たとえ、持っていないと感じたとしても、あなたはもうすでにこの希望を持っているのです。なぜなら、神さまが「あなた」という存在をこの世で唯一無二の大切な存在として造り、あなたに生きてほしいと願い、生きる希望を与えてくれているからです。

アメリカから帰国した私の第二の人生は、どう生きたらいいのかわからないまま、それでも、神さまから確かに与えられているこの希望を胸に、与えられた命を生きてみようとする人生でした。だれかになるためではなく、私という存在を確かめるために、少しずつ心を開きながら、再び歩み始めたのです。

第8信　牧師への道

その後、元気にお過ごしでしょうか。

突然ですが、いやなことって急に日常生活の中で起こりますよね。そんなとき、あなたはどう対処していますか。いやなことがどうしたらなくなるかと考えていると、余計につらくなったりしますよね。

でも、ふとした時に、隣にいる人が、「悩むきみでもいいんじゃない」と声をかけてくれたりすると、吹っ切れたりするものです。心に余裕が生まれると、人間って前に進めたりしますよね。

今回は、恐る恐るでしたが大胆にも、私がアメリカの恩師と同じ道に進む決心をした時のことを書きます。

道端で歌う

私は、漠然とした生きる希望を持ちつつも、具体的にどうやって生きていいのかわからずにいました。しかし、正解を探してあっちを見たり、そっちを見たりしないで、失敗してもいいから、神さまが造ってくれた自分らしく生きてみようと決心したのです。

アメリカへ逃げる前は、左手をポケットに隠し、耳をイヤフォンでふさがないと外を歩けませんでした。でも、アメリカで自分の弱さを受け入れる経験をしたことで、少しずつ勇気が湧いてきていたんだろうと思います。最初に何をしたかというと、私はある教会に住み込み、ギターを抱えて道端で歌を歌い始めたのです!

神さまは不思議なことをする方で、ひょんなことから仲間が与えられました。やっぱりひとりで路上に出るのは不安です。でも、一緒に曲を作ったり、一緒に歌を歌ったりできる人が現れてくれたのは、とても感謝なことでした。

駅前で歌っていると、酔っ払いが立ち止まり、話かけてきたりします。曲が終わると、千円札を置いていってくれたこともありました。何となくいつも集まる仲間もでき、時には一緒に歌ったりしました。

ふとした時に、こんな私がだれかの居場所になってきていることに気づき、なんとも不思議な感覚になったことを今でも覚えています。

人の居場所になる

毎週、道端で歌っている時に出会った女の子が、当時私が住んでいた教会に頻繁に顔を出すようになり、悩んでいることをいろいろ聞いたりしていました。

やがてその子が、三畳一間の安いアパートで一人暮らしをしている青年を教会に連れて来ました。その彼のはだしの足に履いているのは、いつも便所サンダル。髪の毛は、いつもぼさぼさ。服装は、いつも同じ……。

私は彼と一緒にリサイクルショップに行って洋服を買ってあげたり、教会を抜け出してラーメンを食べに行ったりして時間を過ごしました。彼も音楽が好きで、朝早く公園に出かけ、一緒にギターを弾き、歌いました。そんな感じで、社会にうまくなじめない、居場所のない人たちが教会に集まって来るようになりました。

ある時、教会の先生が笑いながら私に言いました。「あなたが教会に来てから、髪の毛が変な色の人が増えたわねぇ」と。悩みを抱えながら恩師の教会に通った自分を思い出します。私の周りに集まっている青年たちも、いろんな悩みを抱えながら、ここに自分の居場所を見つけているんだろうなぁと感じて、何だかほっとしました。

人生をやり直す方法を教えられるわけではありません。成功する術《すべ》も知りません。私にあるのは、遠回りした苦い経験だけです。それでも、青年たちがここに来て、一緒に過ごすうちに元気を取り戻し、帰って行きます。

私がそうだったように、彼らも自分の居場所を見つけ、自分の存在を包み込む神さまの愛と希望を受け取っているんだろうなぁと思い、涙が流れました。

牧師の道へ

毎週、道端で歌っていた歌に、「安けさは川のごとく」という古い賛美歌があります。この歌を歌う時は、どの歌よりも遠くまで届いているような感覚がいつもありました。

そんな力強さを持つこの賛美歌の詞を書いたのは、火事で財産を失い、海難事故で娘四人を亡くすという悲劇を体験したクリスチャン（ホレイショ・G・スパフォード、一八二八〜一八八八年）です。彼は、娘たちが事故に遭った場所を船で通過した時に、この詞を書きました。

安けさは川のごとく

心浸す時
悲しみは波のごとく
わが胸満たす時
すべて安し
御神《みかみ》共にませば

（『聖歌』四七六番）

絶望の中にいた彼です。嘆き悲しんでいる時に、その痛みを包み込むように神さまから愛を受けたのです。「御神共にませば」とは、娘たちが今も天において主と共にいることを確信しているのでしょう。

何かに悩んでいる時、その悩みがなくなる方法を探していると余計につらくなります。彼にしてみれば、その悩みとは、娘たちがいなくなったことです。でも、その悩みは解決されません。本当の解決は悩みをなくすことではなく、苦悩のただ中にも平安があることを見出すことだったのです。

娘たちは帰って来ません。でも彼は、孤独な心に神さまからの平安を受け取ったのでした。

だからこそ、この歌詞には他とは比べ物にならないくらい、神さまの愛と希望が込められていると思います。そんな彼が体験した、苦悩のただ中にあって神さまから与えられる平安を、私も苦しんでいる青年たちに伝えていきたいと思うようになりました。

こうして、私は牧師になろうと決心し、訓練を受け、数年後に牧師として再出発したのです。

第9信　上野公園の炊き出し集会

私が住んでいるところには湧き水が出ます。おいしい冷たい水を飲んだ時の爽快感はたまりません。心まですっきりしますよ。

暑い夏の時期、私は、上野公園にいたホームレスのおっちゃんたちのことを思い出します。毎週、炊き出しの時に水を配っていたからです。おいしそうに飲む彼らの姿を幾度となく見てきました。体だけでなく、心にも潤いは必要ですよね。

きょうは、私が牧師として働き始めてから、上野公園にいるホームレスのおっちゃんたちのための炊き出しに参加するようになった話を書かせてください。

ホームレスのおっちゃんたちと

牧師として歩み始めましたが、何をしていいのかわからない私に、先輩の牧師が、「あなたは教会の外に出なさい。以前、私がいた場所に行って、神さまの希望を伝えなさい」とアドバイスをくれました。

それは、悩んでいた私にとって一つの道を示す光となりました。というのは、牧師になって以来、人のお手本になろうとする気持ちが自分の心の中に芽生えてきたからです。でも自分の中には、だれかのお手本になるものなどありません。何となく自分が無理をしているようにも感じていました。

また、今までいた場所から自分だけ抜け出して、友人たちを置き去りにしているような気持ちもあり、苦しんでいました。神さまを信じて新しい人生を生きることが、友人のところに向かっていないような気がしたのです。でも先輩の先の言葉で、私が救われたのはこの世にはない希望を友人たちに伝えるためだということがわかりました。

何度も人生に絶望してきた私ですから、成功する方法や、うまく生きていく方法は知りません。できることと言えば、うまく生きてゆけずに苦しんでいる人たちの中に自分の身を置いて、彼らの痛みに共感することだけでした。

上野公園でホームレスのおっちゃんたちのために炊き出しと礼拝をしていることを知り、そこでボランティア活動をするようになりました。炊き出しの時にはバナナと水を配り、礼拝の時間には神さまを賛美する歌をおっちゃんたちのために歌うようになったのです。

生きる力

礼拝の時間に、おっちゃんたちの前に立って神さまの希望の歌を歌いました。上野公園のその場所には、心の葛藤、社会から落ちこぼれた孤独感、生きることへの苦しみ、そして明日への不安が漂っています。人と比較する現代の価値観に従えば、彼らは脱落者です。人として無視されている人たちです。でも、歌を共に歌っているその姿は、まぎれもなく一人ひとりが人格を持つ人間でした。

下を向きながら家族の写真を見ている人、泣きながら歌っている人、まっすぐ私の目を見ている人、そして、上を向いて思いを受け取っている人……。でも不思議なことに、おっちゃんたちと共有するこの場所からは絶望を感じないのです。むしろ、彼らは確かに生きているのだ、神さまはおっちゃんたちのそばにいるのだと感じました。

上野公園に向かう山手線の電車の中で見る、いわゆる脱落者ではない普通の人たちのほうがよっぽど表情がなく、彼らからは生きる力が感じられませんでした。そう考えると、何とも不思議な気持ちになります。

おっちゃんたちに対する私の偏見が取り去られた瞬間でした。

隣に座る

その気づきが与えられてからは、歌う前におっちゃんたちの隣に座って話を聞くようになりました。時には、一緒にお茶したり、散歩したりもしました。

話を聞きながら、何もできない自分がいました。最初は、それがもどかしく感じました。もし何かうまく生きる方法を知っていたら、それを教えてあげられるのに、私には何もなかったからです。でも、それがかえってよかったのだということに、後になって気づきました。

挫折している人に、「がんばれ」などと気安く言えませんし、落ち着く場所がない人に、「大丈夫だ」なんて言えません。本質的な解決策を提供できない社会の中で苦しんでいたおっちゃんたちには、ただ隣に座って話を聞いてもらえるということが力になっているのだと教えられたのです。神さまは、何もない私をこのように用いてくれるのかと感動しました。

こうして、少しずつみんなとの関係ができ、「おまえの歌う歌に感動した。生きる力をもらった」と言われるようになったのでした。

渇きに共感する

新約聖書のヨハネの福音書の中に、十字架に架けられて苦しむイエスさまが、「渇く」と言う場面が出てきます。この「渇く」という言葉は、絶望の嘆きではなく、私たちが渇きを覚えるところにイエスさまの愛が届くための嘆きなのです。

私が苦しい時、同じように苦しい体験をしたイエスさまが共にその苦しみを担ってくれます。そのための渇きなのです。また聖書は、人の渇きが癒やされるのは、その渇きに共感してくれるだれかによってであると教えています。

かつてアメリカで私が孤独に苦しんでいた時、神さまは一人の青年を送ってくれました。そのように、だれかが孤独になっている時、私もその人のところに行って話を聞いてあげられる存在であり続けたいと心から思ったのです。

第10信　人との壁を越える愛

少し前に、息子が私の目の前でおいしそうにラムネを飲んでいました。私はラムネは子どもの飲み物だと思っていたのですが、息子が一口くれるというので久しぶりに飲んでみました。そうしたら、おいしかったのです。何だか目からウロコが落ちる経験でした。

私たちは自分が経験し、理解したことの中に真実を見出します。でも、自分の中に真実を見出してしまうと、一つ問題が生じます。それは、私とあなたの間に壁ができてしまい、「あなたには私の気持ちなんてわかりっこない」と思ってしまうのです。あなたも、そういう経験があるのではないでしょうか？

じつは、この〝壁〟が現代社会で苦しみを生んでいると私は思っています。たしかに人それぞれに考え方、価値観は違います。だからよく、「私は私。あなたはあなた」という言葉を使います。でも、この言葉はじつは相対的な言葉で、人との間にある壁を破る愛は、ここからは生まれないのです。だからこそ、神さまの愛が必要なのです。神さまが人間を愛している。そして、私たちが神さまから始まる人生を受け取ることで、人は互いを見出し、この〝それぞれ〟という壁を打破し、助け合うことを学ぶことができるのです。

きょうは、この壁を乗り越えたひとりの女の子のことを書きます。

居場所を失う少女

出会った時、T子（仮名）は、とても暗い感じの女の子でした。自分の苦しい思いをだれもわかってくれないと傷ついて壁を作り、自分はみんなに嫌われているから黒い服しか着てはいけないという強迫観念があり、全身真っ黒で、いつも険しい顔をしてこっちをにらんでいました。

私も壁を作り、人をにらんでいましたので、にらんでいる人の気持ちはよくわかります。そんな自分の昔していたことが、傷ついて苦しんでいる人の気持ちを理解するのに役に立つとは思ってもいなかったのですが、にらむ彼女を受け入れる私に、少しずつT子も心を開いていきました。その頃のT子は、人をにらみつけることで自分を保っていたのだと思います。にらみつけるその瞳の奥にはどうしようもない悲しみと、どうしてもぬぐえない苦しみが見えるのです。

そんな彼女でしたが、いろいろ苦しいことが重なり、とうとう精神的に病んでしまい、もう自宅で生活できない状態になってしまいました。私たち家族は、そんな居場所のないT子を受け入れることになりました。

共に暮らす

ふつうの生活をしたことがないT子と生活をするのは大変でした。T子は家族団欒《だんらん》を体験したことがありません。一緒に食事を用意し、食べ、片づけるということから教える生活です。起きたらベッドから出て、顔を洗ってから「おはよう」と声を出して挨拶をする。そんなことを教えながらの数か月間でした。彼女は、時に家出もしました。でも、歯を食いしばりながら「ごめんなさい」と言って帰って来たこともありました。

そんな彼女が、自分には価値がないと思っていると話してくれたことがあります。生きていてもしかたがない、と。でも、人間は神さまが計画をもって造られた存在であると聖書に書いてあることを伝え、T子の存在は高価で尊いものなんだと教えました。T子は、自分はお荷物で、ここにいる資格なんてないと泣き出しました。そんな彼女に妻が寄り添い、抱きしめて言いました。

「ここはあなたの居場所なんだよ。」

共に泣きながらみんなで神さまに祈りました。その後、いろいろありましたが、T子は神さまを信じて新しい人生を歩み始めました。数年後には、小さなアパートで新しい生活を始めました。

その後、私と妻は、居場所がなく苦しんでいる人たちのための居場所を作るために、埼玉の田舎に新しく教会とカフェを立ち上げることになります。そして、今度はT子が苦しんでいる人を迎えるために、そのカフェで働くようになるのでした。

自分の外から来る希望

ホロコースト（大虐殺）を経験したユダヤ人の神学者レヴィナスは、以前は大学で神や愛を説いていましたが、収容所で過ごす中で、自身の指針が崩壊する体験をします。信じていたものすべてを失い、自分が空っぽになり、明日が来るのが苦しくて死ぬしかない、という状況になるのです。

そんな絶望の中で、彼は希望を見出します。それは、「自分は死にたいと思っていても、それでも明日が自分の外から来る」ということを通して、「私のいのちは外から与えられている」という発見でした。生きるのではなく、生かされているということを知り、心に喜びがあふれてきたというのです。

レヴィナスもT子と同じように、ゼロから一〇〇を生む神さまに出会ったのです。私も同じように、自分の中に人を愛する愛がないことに落ち込みながらも、ゼロから一〇〇を生む神さまから愛を日々もらい、人の居場所となるための働きをさせてもらっています。

第11信　人の居場所となる教会

寒くなってくる時期に、温かい飲み物をゆっくり楽しんでいると、時間が止まり、日常に埋もれている大切な思いを発見し、ふと温かい気持ちになったりします。

この書簡が、あなたにとって時間が止まった時のように、何か大切なものを見つけるきっかけになっていることを願いつつ、書き進めていきます。

きょうは、私の「今」をあなたに紹介しますね。

教会を始める

アメリカから帰国して以来、居場所のない人たちのためにいろいろな働きをしてきましたが、本格的に人の居場所となる教会とカフェを始めることになりました。

二〇一四年、埼玉の田舎（飯能）に家族で引っ越し、ローンを組んで古民家を購入。新しい生活が始まりました。でも、当初からいろんな問題が発覚し、マイナスからのスタートになったのです。

購入してから、建物の一部に白アリのせいで穴が開いていることがわかり、住める状態ではないことが判明。その前にも書類のことでいろいろな問題があり、それを解決するために余計なお金がかかり、リフォームのために貯めておいたお金がなくなってしまいました。もはや自分たちでどうにかするしかない状態となり、前途多難なリフォーム生活が始まりました。

教会としてちゃんと場所を整えてから礼拝を始めたかったのですが、教会をスタートさせた時には、家の一部は工事中で立ち入り禁止。天井には穴があり、ブルーシートで覆っているような状態でした。しかも街からずいぶん離れた場所にあるにもかかわらず、予想以上に多くの人が教会に集まって来ました。

それぞれ心に痛みを抱え、傷ついた経験を持つ方たちでした。ある家族は、以前所属していた教会に傷ついた人たちでした。でも、私たちの教会が工事中で、外見的にも教会っぽくないから、ここでなら神さまを礼拝できるのではと思って、礼拝に出席してくださいました。

教会が始まる一週間前に電話が鳴りました。以前、ある集会で会ったことのある青年からでした。カルト化した教会にいた彼でしたが、追放され、これまでいた場所を出なくてはいけなくなり、住む家がないとのこと。両親に連れて来られた、その暗い顔をした青年を引き取り、私たちは一緒に住むことになりました。

そんな形で教会は始まったのです。神さまが導いてくれる道を歩んでいるのだから問題なく進めるのかと思ったら、問題だらけで、最初の頃は文句ばかり言っていました。何も問題がない時には、あたり前の日々をあたり前のものと思いがちです。でも、思いどおりに事が進まない時には、普段見えないものが見えたりするのです。

最終的には、神さまの計り知れない計画にびっくりしながら、今でも教会を続けています。

カフェ始動

教会が始まって二年後、リフォームがひと段落して、ようやくカフェ(Café Living Room 61)を始めることができました。

最初の三年間はT子がこのカフェで働き、私たち夫婦を支えてくれました。T子は以前いろいろな職場で働いていました。でも、人間関係がうまくいかず、就職してもすぐに辞めてしまうことを繰り返してきました。でも本当は、とても素直でいい子なのです。彼女の人の良さが活かされてないと感じていました。

普通の人なら、十の力でやらねばならない仕事がいくつかある場合、少し余力を残して、七か八くらいの力でやるのではないでしょうか。でもT子は、いつも全力投球するのです。だから面倒くさい人間だと思われたりしたのですが、その〝弱さ〟がこのカフェでは大きな強さに変わりました。じつは、私も妻も人前に出て話すのが苦手です。でもT子は、最初から最後まで丁寧にわかりやすくお客様に説明するのです。とても素直で、また一歩下がっての謙遜な姿勢は、お客様に大人気でした。自分の居場所がなく、ひとりで苦しんでいた彼女が今度は人を迎える側になったのです。

何とも言えない感動がありました。

人の居場所となるカフェ

牧師がカフェをやっているという噂《うわさ》をどこかで聞きつけ、「話を聞いてください」と会いに来る人も大勢いました。時には、話し出した瞬間に涙する人もいました。

カフェにくつろぎに来てくれる方も含めて、「ここはとても落ち着く場所だ」と言って帰ってくださいます。「自分はここにずっといていいと言われているような空気がここには流れている」と言ってくださるのです。そのたびに私は心の中で、「それは、ここにT子という、皆さんと同じように苦しみを味わい、葛藤を通って来た人がいるからですよ」と呟《つぶや》いていました。

私も長い間、自分の居場所がありませんでしたので、カフェに来てくれる皆さんの思いがよくわかります。ありのままの自分を受け入れてくれる場所は、なかなかこの世にないものです。でも、居場所のない私をそっくり受け入れてくれた恩師と出会い、今度は私が居場所になろうと決心したわけです。

「居場所」とは、単に居心地のよい場所ではありません。「もう無理してだれかになろうとしなくてもいいんだよ。そのままのあなたがすばらしいんだ」という神さまからの語りかけを聞ける場所だと思っています。その声を聞いたなら、人間はどんな状態からでもやり直すことができると、私は信じているのです。そこに、「新しい自分」、「神さまから始まる自分」があるのです。

第12信　訂正ではなく、包み込む愛

クリスマスは、その暗闇を照らす一点の光であるキリストが私たちの元に来てくれた歴史的瞬間です。希望のない時代に〝希望〟として神であるキリストが人としてこの地上に生まれます。それは、愛のゆえです。ぜひ、あなたにもキリストの愛を受け取ってほしいと願いつつ、最後の書簡を綴ります。

神さまを礼拝する

人の居場所となる教会を始め、そして、集まる人と神さまを礼拝することを始めました。居場所がなく、苦しんでいた人たちが神さまを礼拝することで希望を見出し、人生をもう一度やり直す勇気を見出していく姿を見てきました。教会には希望があるのです。

それはどうしてかというと、キリストは私たちの悪いところを訂正して、正しさが何かを教えるのではなく、弱い私たちをそのまま包み込む愛の神さまだからです。そこには再生があるのです。それは私たちを神さまが愛で導いてくれるからです。だからこそ、弱さを隠すのではなく、ありのままで神さまの元へ行くことができるのです。

教会では、問題を解決する方法や、人生を有意義にどうすれば過ごせるのかという方法論は語りません。それよりも、問題から少し距離を置き、冷静にゆっくりする時を共に過ごせるように心がけています。なぜなら、人間を苦しめるのは問題や欠点ではなく、それを〝どうにかしないと〟という自分の思いだからです。

人間は完璧ではない。それぞれが弱さをそれぞれの違いとして持っていて、それがお互いを助け合う要素になっているということを聖書を通して学ぶようにしています。

神さまと出会う時

私の左手の指がないという劣等感は、これからも時々ふとした瞬間にわきでてくると思います。でも、神さまはそのままの私たちを、「わたしのもとに来なさい」と呼んでくれているのです。ということは、弱さを持ったまま神さまのもとに行く必要があるわけです。私は、最初はそれがいやでした。弱さをなくしてほしいと思っていたからです。でも本当のところは、弱さをなくすことが強さじゃないのです。それを神さまは知っていてくれている。だから弱さを持つ私を呼んでくれるのです。

それはある意味、弱さを強さに変えることではなく、〝弱さを持つ私〟をそのまま受け入れてくれる愛です。そして、そこから新しい私を始めてくれるのです。それが、「神から始まる自分」です。

そこでわかったことがあります。それは、「弱さをなくしたい」という思いこそが弱さであって、弱さだと思っていたことは、じつは弱さではなく、そこにも輝きや人のためになるものがあるということです。私の場合で言えば、左手の指が普通の人と同じになることではなく、指がないままでも、そこから新しい自分が始まることなのです。それなので、ぜひあなたに、キリストの愛から来る力を信じてほしいと思っています。苦しみの向こうには希望があるのです。

でも、神さまを知ったからすべてが上手くいくということではありません。私が神さまを知るのではなく、本当の意味で知るとは、〝神さまが私を知ってくれている〟ということを知ることなんだと思います。たとえ、苦しみの中にいたとしても、神さまはこの状況にいる私を、私以上に知ってくれていることを信じることです。神さまはどんな時でもあなたを見捨てないお方です。必ず手を差し伸べてくれているのです。

人のためにある苦悩

私がそのことを本当にわかったのは、そばにいてくれた存在によってです。愛する妻が私の手を握って、「あなたの左手はこの左手でいいんだよ」と言い続けてくれているから、私は自分でいられます。

人の痛みは、だれかがそれに寄り添ってくれるから癒やされるものです。だれだってひとりで再出発するのは難しいものです。だから、〝塀〟の中で痛みや苦しみを体験したあなたが、この世には必要なのです。それは、苦悩を体験したあなただからこそ、人の痛みに寄り添うことができるからです。

あなたが体験した人生の痛みがだれかの痛みに共感するとき、人は励まされ、もう一度立ち上がれるのです。互いに助け合うところにキリストはいます。そして、その愛は新しい道を示してくれます。人生の希望がイエスさまであると告白する瞬間です。そこから神さまに身をゆだねるという生き方が始まるのです。

あなたの人生を神さまが祝福してくださいますように祈りつつ。

「神は、どのような苦しみのときにも、私たちを慰めてくださいます。それで私たちも、自分たちが神から受ける慰めによって、あらゆる苦しみの中にある人たちを慰めることができるのです。」

（コリント人への手紙第二、1章4節）

Ⅱ

「わからない」ことの中で

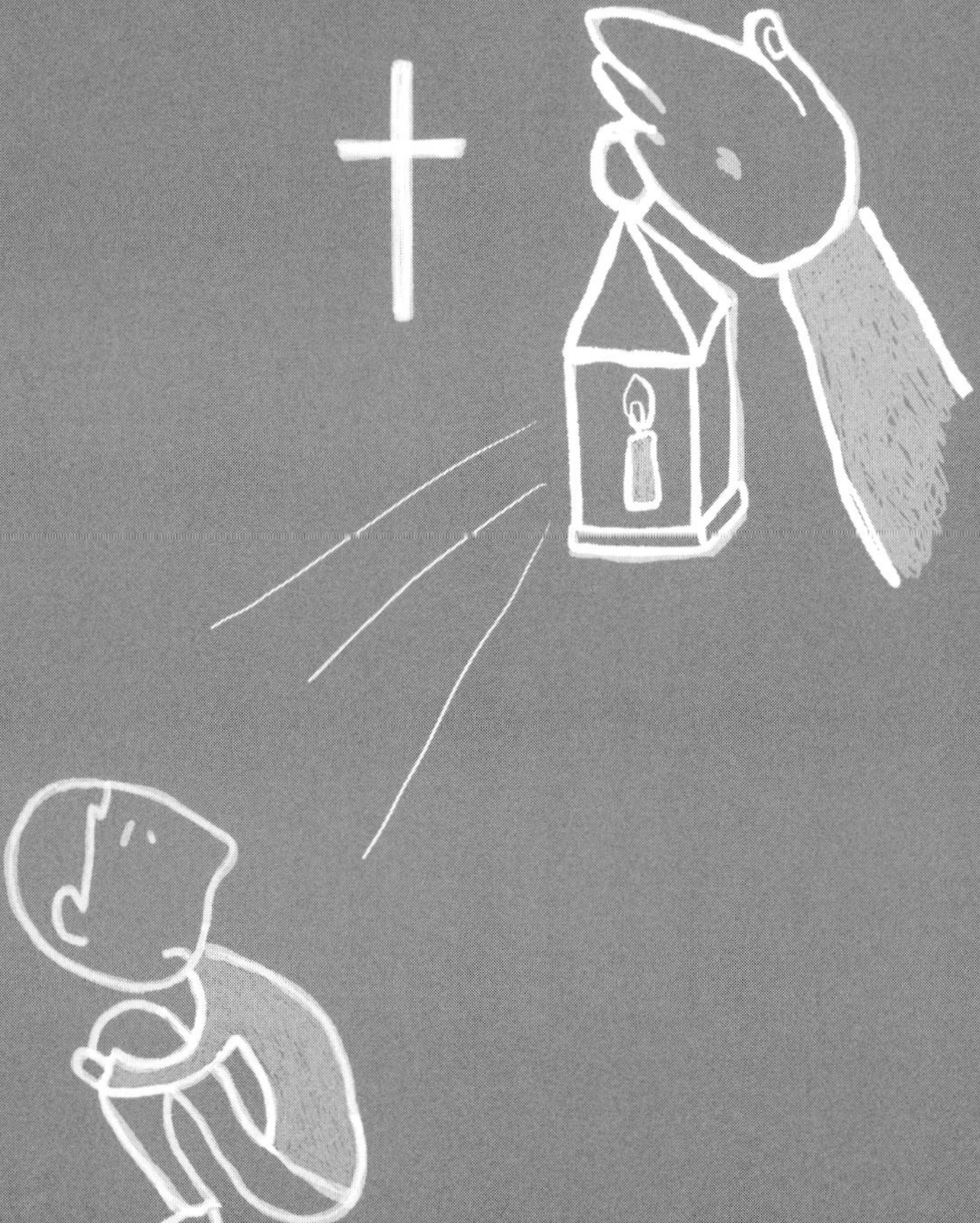

第1信　「試練」は喜ぶべきもの!?

ヤコブの手紙一章二節

これまでの「片道書簡」では、私の人生について書かせてもらいました。ここからの手紙には、「見えない・わからない神さま」とみことばを通してどう出会っていくのか、について書いていきます。

私たちは神さまに示されなければ、自分の力で自分の罪を見出すことができないと、哲学者のシモーヌ・ヴェイユは言いました。とすると、私たちが葛藤している時は、神さまが私たちに何かを語られている時ってことになりますよね。葛藤し、うめく弱い「私」を責めるのではなく、「わたしのところへ来なさい」と言ってくれているはずです。ぜひ、ここからの手紙を通して、イエスさまの愛の招きの導きの光を見つけていけたら、と思います。

一つ、皆さんと約束したいのは、この手紙を通して「励まされる方法」を受け取らないということです。「励まされる方法」を求める時、私たちは自分がわかる範囲でそれを求めてしまいます。実はその視点こそが、私たちの信仰の目を狭くさせていることを経験してきました。それは、神さまは私たちのわかる範囲にいるお方ではないからです。もっと大きな神さまです。ということは、本当の励ましは私たちのわかる範囲の外、つまり、わからないところから来るのです。

本当の励ましは「驚き《サプライズ》」とともにしかやってこないわけです。この驚きから来る励ましこそが、神さまの真実の愛です。それなので、この手紙を通して「真実の愛」を一緒に見つけて、「神さま、すげー。まじか!」と思いっきり叫ぶ体験をしていきたいと思います。

よろしくお付き合いください。

試練を喜べる？

という私こそ、長い間、自分のわかる範囲で神さまを理解しようとして苦しんできた者です。新約聖書・ヤコブの手紙一章二節に「様々な試練にあうときはいつでも、この上もない喜びと思いなさい」という言葉がありました。先輩の牧師が、ある日曜日の朝の礼拝で「どんな試練だとしても、悪魔の誘惑に負けないで、忍耐をもって喜びましょう」と大胆にこの聖句について語っているのを聞いて、「そうだな。よし、がんばろう」と思ったことがありました。

でも、試練にあっている時は苦しいから、喜べと言われても、喜ぶ術《すべ》などないんですよ。この聖句の後には、「信仰が試されると忍耐が生まれます」と書いてあるけど、忍耐よりも、具体的な解決方法が欲しいのに……と思ってしまいます。

ここで、先ほど触れた「励まされる方法」が出てくるのです。試練にあう時、私たちは今の自分の試練を解決する方法を求めがちです。そして、試練に立ち向かえて、ゴールが見えてきて、その試練自体がなくなることが励ましだと思ってしまうのです。この〝方法〟というやつが危険なんですよね。だって、自分のことしか見られなくなるからです。

「もう少しで解決する。だから我慢しよう。」

「こうしたほうがもっと早く解決するかもしれない。だったら、こうしよう。」

このように自分のわかる範囲のことしか、見られなくなってしまいます。わかる範囲にある「方法」には、「こうしたらうまくいくよ」という性質があります。この言葉の裏には、こうしなさきゃだめ、ここまでできなきゃだめ、という道徳観が存在します。それこそが人を苦しめるし、これができなければ神さまは喜ばない、と思ってしまうわけです。

「道徳」と「真実」の違い

わかる範囲にある方法論は「道徳観」です。これは人間から始まった考えで、「こうしなければだめ」と頭が固くなる性質があります。これで頭をいっぱいにしていると、〝わからないところ〟から来る神さまの驚きが受け取れなくなってしまうわけです。

聖書は人生の参考書ではなく、神の愛の書として読むべきなのです。聖書を開く時に、道徳的にこうしたらうまく生きていける、喜ばれる生き方を見つけるのではなく、神の真実な愛を見つけていきましょう。

道徳観は〝こうしなさい〟を超えないものです。でも、真実なる神の愛は常識をくつがえす、それでも愛するという驚きのある愛です。本当だったら、私のほうから行かなければいけないのに、神さまは自分から私たちのところに来てくれる、サプライズの神さまなのですから。

第2信　愛のない者と愛のある者の違い

マルコの福音書一二章四一～四四節

皆さんは、自分って愛がないと落ち込んだりする時がありますか？　私はよくあるんですよ。ある朝もそうでした。その時に体験したことをきょうは書きますね。

何となく重苦しい気持ちの朝でした。何かがあったわけではないのです。ただ、街にいる人を見て、あの人の笑顔は素敵だなぁとか、人に対して優しそうで愛があるなぁと、うらやましく思っていました。そうやって人を見始めると、自分と比べてしまうんですよね。あの人は愛があるのに、私なんか最低だ。どうしてこんなこともできないのだろう。私なんていなくても世の中変わらないんじゃないか——と思ってしまうのです。そうするともう、この人と比較することで自分を見下し、もっと苦しくなってしまうのです。

百五十円の勇気

そんな時に、ふと聖書に出てくる貧しいやもめの話を思い出しました（マルコの福音書12章41〜44節）。そうです、お金持ちがたくさん献金している中でささげた、あのやもめの話です。ここでこのやもめが持っていたのは、レプタ銅貨二枚でした。レプタ銅貨とは、当時の貨幣の最小単位です。諸説ありますが、今でいうと百五十円くらいだと言われています。ものすごい勇気ですよね。私だったら、チャリンと音が鳴ったらどう思われるかとびくびくしちゃいます。

また、こんな金額を献金しても何の効果もないと周囲から思われるのではないかと、その場にいられなかったかもしれません。でも、このやもめはこの場にいるのです。どうして彼女はここにいることができたのかを考えてみました。

やもめの孤独

やもめであるということは、彼女が直面している貧しさは深刻だったはずです。貧しいだけではなく、この当時、家の大黒柱がいない心細い人生を歩んでいたでしょうし、働くこともできなかったはずです。レプタ銅貨二枚も、彼女にとっては大金だったのだろうと思ったのです。

お金のある・ないで比較したら、このやもめはないほうでしょう。でも彼女は、自分が持てる分のありったけのお金を持ってきていたはずです。逆に、お金持ちで大金を献金している人たちは、必要な分だけできる範囲で持ってきていたかもしれません。この献金で自分の願いを叶えてもらおう、と思っていたかもしれません。

しかし、このやもめにはそんな思いは一切ありません。「〜してほしい」という欲求も、見返りを求める心もないのです。あるのは、何も持っていない〝自分〟という存在だけなのです。

真心って空っぽの心？

今の私は、ここに出てくるお金持ちの人たちのように、いろんな自分の思いが心の中にあると感じました。思いどおりに生きていきたい。こうしてほしい。ああしてほしい。そんな思いばかりで苦しかったのです。人と比べて、「自分なんて……」と思っていたわけです。そこには平安はありません。でも、このやもめの心には平安がありました。

彼女は（お金や愛が）あるか・ないかを超えて、いくら持っているか、十分じゃないかという計りを超えて、献金をするという行動も超えて、ただ真実の愛である神さまと出会っていたのです。

ここにあるのは「何かをする信仰」ではなく、「待ち望む信仰」です。

ただ、〝空っぽの心〟をもって主を礼拝していたのです。このレプタ二枚の銅貨を差し出す行為は、彼女の真心なのです。だからこそ、「私はあなた（神さま）が必要です」と告白できたのではないでしょうか。

この箇所を思い起こした後に、決して自分の憂鬱《ゆううつ》が解決したわけではありませんでした。でも、自分の心が空っぽに思えていた空虚感が次第に、このやもめの女のように何もないのは、「私にはイエスさま、あなたが必要なのです」という真心に変わっていったのです。

静かに祈りながら、ただ主を待ち望む。そんな朝も悪くないなぁと思いました。なぜなら、イエスさまはかならず、そんなあなたを捜し出してくださり、自分には愛がないと思うその心に光を照らしてくださるからです。自分で自分を見るとつらくなります。どんな時も神さまを見上げていきたいですね。

「～すべき」「～なければならない」との律法主義は「内在的視点」です。そうならないためには、まず「神に出会う」必要があります。「聖書を読まなければ」「祈らなければ」をやめる必要があるかもしれません。責められているように感じるなら、聖書を読まず映画でも見てリラックスしましょう。

Joさんと カフェ LIVING ROOM 61で、ホッと一息

聖書を読むと、「こんな私ではダメだ…。
赦されるはずがない」と苦しくなります。
ディボーションも続けることができなくなり、
そんな私を神さまは怒っているんじゃないかなと
思ってしまいます。
どうすればいいのでしょうか？

第3信　うめきの中から始まる愛

ヨハネの手紙第一、四章七節

きょうは弱音を吐かせてください。何となく人がたくさんいる所にいても、よけいに孤独を感じることってありますよね。それは、やっぱり人をうまく愛せない時に感じるのかなと思ったりしています。

「教会は罪人の集まりだから、ありのままでいいよ」と言われても、やっぱりクリスチャンにとって、人を愛せないというのは何となくだめなんじゃないかなと感じてしまい、どこかで無理して人を愛そうとしてしまうのです。そして、できない自分に失望し、また孤独の中に閉じこもってしまうわけです。

きょうは、この孤独から愛について考えたことを書いてみようと思います。

愛するパワーはいらない!?

自分の中に〝愛するパワー〟があれば、いつでも人を愛せるのにと思ってしまいます。そう考え始めると疲れますよね、本当に。だからこのあいだ、逆の立場になって考えてみました。そうしたら新しい発見があったのです。

というのは、もし私が〝愛するパワー〟で愛されても、素直に愛を受け取れないと感じたのです。愛するパワー全開の人からゴリゴリに愛されて、「こうしたらいいよ」なんて解決策を言われても愛は感じないし、逆に「どうせ私なんてだめだ」と思ってしまう気がしたんです。

そんなのやだなぁと思って、次に自分が愛を感じる人たちのことを思い出してみました。そうしたら、まぁ、びっくりしました。その人たちはみんないろんな問題を抱えていたり、弱さを持っている人たちだったのです。

愛がないから愛せるのかも

聖書に、「愛は神から出ているのです。愛がある者はみな神から生まれ、神を知っています」（ヨハネの手紙第一、4章7節）と書いてあります。愛は「私」からではなく、「神」から出るというのです。ということは、私は〝愛するパワー〟を得るよりも、まずは神さまを知ることのほうが大切なのではないかと思ったわけです。

ヨハネの手紙第一、四章の続きには、「神の愛が私たちに示されたのです」（9節）とあります。それは、〝だれかを愛するパワー〟で自分を満たすことではなく、逆に、神さまが私を愛してくれていることを謙遜に受け取ることなんだと気づいたのです。

そのことに気づいた時、私の周りにいる愛の人たちはみんな自分の弱さを知っている人たちなのだとわかったのです。〝愛せない自分〟を認め、へりくだり、だからこそ、愛の源であるイエスさまが必要ですと告白する人たちだったのです。人に伝わる愛は、〝愛するパワー〟ではなく、「私ではなく、主です」という謙遜《けんそん》さなのだと思ったのです。もしそうなら、私たちが求めるべきものが変わってきますよね。

愛するパワーではなく、愛が私のうちにはありませんと、愛の源であるイエスさまのもとにへりくだればいいのです。そうしたら、なんだか自分の心が軽くなりました。

「嫌いな人を愛せますように」と必死に祈っていた時は、自分の思いを握りしめて、「こうできないとだめだ」と自らを責め続けていたように感じました。でも、イエスさまのもとに素直に自分の弱さを持っていくと、私の心は解放されることに気づいたのです。

惨《みじ》めさと十字架

イエスさまは私たちの罪を贖《あがな》うために十字架に架《か》かってくださいました。

十字架は贖罪《しょくざい》の場所、私たちが「自分にはできません」と告白する場所です。「私は愛することのできない弱い罪人です」と告白するところにイエスさまは来てくれます。「そうだよ、だからわたしはあなたのために十字架に架かったんだよ」と声をかけてくださるのです。ここに愛があります。

パスカルは、「人は何でも知っているから偉いのではなく、逆に無知であることを自覚しているから偉いのだ。道徳的に素晴らしいから偉いのではなく、むしろ惨めで罪深いということを自覚しているからこそ偉い」と言いました。

私たちが愛せないことを孤独の中でうめく時、その惨めさによって心を空っぽにする時に、その空洞にイエスさまが来てくれるはずです。ということは、本当の意味で人を愛せる人は、愛が自分の中にはないことを知っている人ですよね。そして、愛の根源は神さまであることを知っている人です。だからこそ私たちは心を開いて、イエスさまを迎えることを大切にしたいと思います。

第4信　信仰には不要な「こうしたらいいよ」

出エジプト記一三章一七節

今回は自分の葛藤した過去のことを書きます。ちょっと恥ずかしいですが、読んでください。

私には息子がいるんですが、ある時、自分が父親として何をしていいかわからなくなったことがありました。息子に大切なことを教えているつもりが、いつの間にか息子が失敗しないようにするにはどうしたらいいかばかり考えて、つらくなった時がありました。

息子の葛藤

　ある時、息子が幼稚園でみんなの輪に入れずに、一日廊下の隅でみんなを見ていると先生から連絡がきました。私も劣等感が強く、輪に入れないでひとりぼっちだった経験をしましたので、息子の気持ちがよくわかります。それなので余計につらくなりました。やっぱり自分が経験したつらさを息子には経験させたくないと思いますよね。

　そんな息子の姿を見るのが苦しくなってきました。どうにかしてあげたいと思うけど、幼稚園の中では何もできません。神さまに祈るしかなかったのです。息子が一人にならないようにどうすればいいかと私は考えるようになって、あれこれとこうしたらいいと息子に話すようになったんです。

失敗しないためのアドバイス

　最初はよかったのです。自転車の乗り方や勉強のやり方を教えてあげていた時は、いろいろできるようになってよかったわけです。でも、次第に息子が成長していくと、彼に対して何かをできるようになるためのアドバイスではなく、失敗しないようにするにはどうしたらいいのかを教えるように変わっていきました。

「早く寝ないと朝学校に遅れるよ」とか、「試験前だけ勉強してもきちんと学べないよ」と言っている自分は、息子に失敗させないようにしているのではないかと感じ始めました。そうしたら、今度は私自身がつらくなってきたのです。どうしてかというと、自分の人生を振り返ってみれば、失敗ばかりだからです。

たしかに経験から学べと言いますから、息子に同じことを繰り返させないように教えるのはいいかもしれません。でも、息子の人生に「こうやって生きたらうまくいくというレール」を敷いている気がしたのです。

以前から私は息子には、「失敗しても神さまはおまえを愛し続けるし、その愛は失敗によって変わらない」と教えたいと思っていました。「お父さんも失敗し続けた人生だったから、おまえも最短距離でなくてもいい、遠回りした人生でもいい」と伝えたいと思っていたんです。なぜなら神さまは、私がどんなに遠くに行っても連れ戻してくれるお方だからです。そのことを一番息子に伝えたかったのに、自分のしていることが真逆だったことに気づいて、つらくなったわけです。

失敗を受け取ってくれる神さま

ある日、いつものコーヒー屋で聖書を開いてみると、モーセがエジプトで奴隷だったイスラエル人を脱出させた時の箇所が目にとまりました。そこには、神さまは彼らを脱出させはしたけど、目的地である約束の地への近道であるペリシテ街道を行かせずに、道なき道である荒野《あらの》へと導いたとありました。荒野を行くことで、イスラエルの民に大切なことを、いろんな失敗を通して教えるためだったわけですね。エジプトを出てすぐに、「食べ物がない」、「奴隷だったエジプトのほうが良かった」と文句を言い出す民でしたから。やっぱり人間は自分で経験しないと学べないことがあります。

そんな民を神さまは、目の前には海、後ろからはファラオの軍勢という絶体絶命の危機でも奇跡で救い、天からマナを送るという御業《みわざ》をあらわしました。イスラエルの民はたくさんの失敗を通して、神さまの愛を体験したはずです。

ある日、息子に言いました「今までごめんね。お父さんは間違っていた。いつも先回りしておまえに正解を提示ばかりしていた。もうこれからはそれをしないと決めたから」と。それは、神さまを息子の人生から遠ざけているることに気づいたからです。失敗しても責めずに、苦しむところに手を差し伸べ、共にその苦しみを味わってくれる神さまだから安心して失敗してね、と息子に伝えることができたんです。最短距離では人を愛せない。私の教訓です。

JOさんとカフェ LIVING ROOM 61 でホッと一息

家族が救われるのを
楽しみに待ちたいのに、
なかなか救われずに苦しいです。
どうしたらいいのでしょうか？
「救われる／救われない」の
内在的視点から、
「神はすべての人を平等に
愛している」という超越的な視点に
変えましょう。どんな状態であれ、
神さまが、あなたと家族を愛している
ことには変わりありません。

第5信　「うまくやろうとする」対「生かされている」

エゼキエル書一六章六節

皆さん、お元気ですか？　雨が続くと何となく寂しさが増してきますね。そんな時、いじめられた経験を持つ私は、すぐにだれからも必要とされていないいんじゃないかと思ってしまいます。うまく生きてこられなかった私ですから、自分を認めてくれる人なんていないだろうと感じていた時に、ふと思い出した話があるんです。

先輩の葛藤

ある時、病院で看護師をしている友人がこんな話をしてくれました。それは、うまくやることばかりを目指していると、心がなくなるという忠告でした。

職場の先輩が、他人に迷惑をかけないように素早く対応して、すべてをうまくやろうとがんばっていたそうです。少し経験を積んで、素早くできるようになった時に、新しい気持ちが生まれてきたそうです。それは、いつものようにこなせないとイライラしてしまう気持ちでした。初めの頃は丁寧に心を込めて対応していたけど、慣れてくると、うまくこなすことばかりが気になって、心を込めることが消えていったという話でした。

この話を聞いてから、うまくやれば自分の価値が見出せると思っていたけど、そうでもないことに気づかされました。その時、「心をなくしてまでも、うまくいくことを追いかけるよりは、たとえ、何もうまくいかない自分でも、失敗の痛みを感じることのできる〝心〟を持っていることのほうが大切なんだろうな」と思いました。

「生きよ」という励まし

以前は、うまく生きていけるように、こうあるべきという思いで心がいっぱいになってつらかったんです。心が疲れていました。もう自分の力では無理だ。もう先に進むなんてできない。私はなんて無力なんだ——と落ち込んでいる時に、神さまからある言葉が届きました。それは、エゼキエル書にある「生きよ」という言葉でした。

「わたしがあなたのそばを通りかかったとき、あなたが自分の血の中でもがいているのを見て、わたしは血に染まったあなたに『生きよ』と言い、血に染まったあなたに、繰り返して『生きよ』と言った。」

（エゼキエル書16章6節）

「うまくやりなさい」ではなく、ただ「生きよ」と言ってくれたのです。それがなんとも嬉しかったことを覚えています。孤独の心に、また新しい光、道筋が見えた経験をしました。

聖書では血まみれの赤子にたとえられたエルサレムに、神さまが「生きよ」と言います。人生のどん底にいる赤子を引き上げる神さまの言葉です。神さまはそばまで来て、それから「生きよ」と言うのです。それは、「わたしが共にいるよ」という意味です。

うまくできるかわからない。自信もない。そんな私に方法論を突きつけられても立ち直れないものです。でも神さまは、「うまくできなくてもいい、わたしはあなたの心を見る。その心を大切に生きてほしい」とそばに来て言ってくれるんですよね。その後で、神さまが成長した赤子の傍らを通る時、着物でおおって守ってくれると言っています（同8節参照）。神さまはどんな時にもそばにいてくれる。そんなことを思い知らされる孤独も悪くはないと思ったことを覚えています。

ホームレスから牧師に

うまくやろうとすることをやめてはじめて、私たちは生きることを始めることができるのかもしれませんね。聖書には、うまくいく方法が書いてあるわけではなく、神さまがあなたを決して見捨てないという愛が書いてあります。

私は長い間、上野の公園での炊き出しをしてきたのですが、そこに、ホームレスから牧師になったという大切な友人がいます。みんなでご飯を食べる前に礼拝をするのですが、私が賛美をしている時に、早く終わらないかなと文句を言っていた彼でした。でも、神さまから愛を受け、その孤独の心にイエスさまを受け入れました。その後に、すべてを神さまにささげ、牧師になりました。

彼が牧師になって最初の炊き出しの時のメッセージは、「どうしたらホームレスから抜け出せるか」ということではなく、「今のあなたが神さまに愛されているんだ」というものでした。偉そうにみんなの前に立っていられず、彼はホームレスの人たちが座っているところ、言い換えれば、以前は自分が座っていたところの真ん中に行って、そこで大きな声で「神さまはあなたを愛している」と語りかけました。そんな彼の姿に、私は涙しました。

人生いろいろありますが、どん底にあったとしても、そこにいたからこそ、受け取れる思いがあるのかもしれないと感じました。だから、いろいろうまくできなくても、私はあなたに生きてほしいと願っています。神さまの助けがありますようにお祈りしています。

第6信　主のほうに向き直れば……

皆さんはお元気ですか？

私も何とか生きています。この頃、この手紙を書き進めていくことで、何だか励まされているなぁと感じています。私の弱い部分を受け取ってくださり、非難せずに、じっと待ち望んでくださる皆さんがいてくださること、本当に感謝しています。

きょうは、聖霊の働きについて分かち合いたいと思います。

嫌いな人から学ぶ

私が学んでいた学校に嫌いなタイプの教授がいたんです。でも、ただ嫌いというだけではだめだと思って、ある時、その先生の授業を受けようと決心しました。好きにはなれそうもないので、逆に、とことん彼の授業から学んでやろうと思ったんですね。そうしたら、学校で一番学んだ授業になったのです。何だか神さまってすごいなと思いました。だってですね、今でも私はその先生のことが苦手なんですよ。でも、ものすごく尊敬しているのです。

このことで教えられたのは、自分の好き嫌いなんて何のバロメーターにもならない、ということでした。好きだからって、理由にならないんですよね、実際。

悔い改めに導く聖霊

これは、聖霊に「導いてください」と祈る時にいつも思い起こす話です。あるとき、私が苦手だったその先生が日曜日にゲストで呼ばれて、よその教会で奉仕をしている時に、自分の教会の役員さんから電話を受けました。役員会で意見が二つに割れて喧嘩《けんか》となり、教会が分裂してしまいそうだと言うのです。先生は、まずはその人を落ち着かせてこう言ったそうです。

「会議は今すぐ解散させて、来週までみんながそれぞれこのことについて祈ってくるように伝えなさい。そして、また来週話し合いましょう。」

電話口の彼は納得していない感じでしたが、その時はそれで収まったそうです。

次の日曜日にみんなで集まり、話し合いが始まりました。それでも答えは見えません。先生は、また来週まで祈って決めようと言ったそうです。役員の中には、もう締め切りが迫っているから祈っている場合ではなく、一刻も早く決めないとだめだと言う人もいたそうですが、先生は「ただ祈ってきなさい」と言い返しました。

それから一週間後、また会議に集まりました。その時に、一人の人が涙を流して悔い改めたそうです。「私は今まで、自分の意見を通そうとしか考えていなかった。相手が悪いと思って、人を裁いていた。昨日の晩に祈っている時にイエスさまが〝わたしを求めなさい〟と言って、そばに来て、私を抱きしめてくれました。そうしたら涙が止まらなかった」と。

そして「そうだ、自分の意見を通そうとしてばかりではだめだ。みんなで神さまの思いを受け取らなくては、と思った」と言うのです。そうしたら、隣にいる人も同じような体験をしていて、涙を流して悔い改めたそうです。

そこで、奇跡が起きました。絶対に相容れないと思っていた役員たちがみんなで一つとなり、神さまに感謝の祈りをささげたというのです。

聖霊による自由

　さて、どんな意見にまとまったかというと、両方が最善だと思っていたものではなく、全く違った答えになったそうです。彼らは会議をする時に、最初にちょっと祈ってから、それぞれが思うことを話していたことを悔い改めました。自分の意見は神さまにより頼んで得たものではなく、自分の都合で計算して、これが最善だと思い込んで握りしめていたものだった。両者がそう思い、すべてを手放した時に、神さまの思いを受け取ることができたというのです。

　これを聞いて、私は感動したんですね。聖霊は私たちを、自分の握りしめているものから解放するんだと思ったのです。そこにこそ自由があり、互いに助け合うという生き方があるように思いました。

　私が祈る時、「自分は準備をたくさんし、祈りもしましたので、この計画が成功するようにしてください」と、自分の思いを祈っていたように思います。そこには聖霊が働く隙間がありません。「私は自分のできることはやりました。後はすべてをあなたにお任せします」と手を広げ、自由に聖霊に導かれていきたいと思うのです。

第7信　平和を望んでも平和にならない理由

コリントの人への手紙第二、一三章一一節

戦争で唯一原爆を落とされた日本に住んでいる者として、平和のことについても考えます。

一九四五年八月六日、広島に原爆が落とされ、その後四か月間で十四万もの人が亡くなったと言われています。また、第二次世界大戦（一九三九～一九四五年）の時、ナチス政権は約六百万人のユダヤ人を強制収容所に送るなどして、殺害しました。一時間に百人以上もの人を殺さないとこんな数字になりません。戦争って本当に恐ろしいものなのです。きょうは平和について考えたいと思います。

私の平和とあなたの平和の戦い

歴史を振り返ると、戦争がたくさん起こってきました。キリスト教の国々も、いくたびも戦争を繰り返してきています。聖書には、互いに愛し合うという神の愛が書かれています。それを信じているにもかかわらず、どうして戦争が起きるのでしょうか？　おかしいですよね。

先日、こんなことがありました。ある用事があって、電話で丁寧に訂正をお願いしました。そうしたら、その人は、「私は悪くない」と事情も把握しないまま言い放ったのです。

私はなんだかつらくなりました。それは、事情を理解してくれなかったというよりも、その人の「私は」という言葉が心に刺さった感じでした。私は悪くないと主張すること（本当に悪くなかったとしても）は、時に他の人の事情を考えないことになります。そう主張することで、たとえその人の平和が保てても、そこに現れるのは平和ではなく「戦争」（争い）だと気づいた瞬間でした。
キリスト教の国も平和は求めてきました。でも、それは神の平和ではなく、自分の平和を求めていたのだろうと思います。聖書にはこう書いてあります。

「励まし合いなさい。思いを一つにしなさい。平和を保ちなさい。そうすれば、愛と平和の神があなたがたと共にいてくださいます。」
（コリントの信徒への手紙第二、13章11節、新共同訳）

平和の前にある、「互いに励まし合う」ということが抜けてしまうと、自分を守る壁を作ってしまうのだと思います。でも、それでは、神の平和は実現しないわけですね。平和は、自分の中に作るものじゃない。自分の外に作るものです。〝こうしたら平和になる〟では平和にならない。平和を築くには、自分の殻をやぶる必要があるんですよね。

聖書の神さまの平和

先ほどの聖句にあるように、平和の神がいるから平和になるのです。「励まし合う」は、ギリシア語では受け身形で書かれています。もしかしたら、励まし合うことの意味は、何か良いことをし合うことではなく、相手の思いを受け取り合う力なのかもしれませんね。このことを忘れて、神さまの平和ではなく、自分の平和、自分の思いを最優先にしてしまったから、戦争を繰り返してきたのではないでしょうか。

聖書は「神さまはあなたを決して見捨てない」と教えます。ということは、この神さまは決していなくならないのですよ。戦争があっても、神さまはそこに、涙をもっていてくれるのです。だって、互いに愛し合ってもらいたいと思っているわけですから。

戦争している国のことだけではなく、教会の中でだって同じですよね。いがみ合うのではなく、助け合ってほしいと神さまは思っているはずです。

「神さまはあなたを見捨てない」という意味は、神の平和を作り上げるために、あなたが必要だと言っているのです。神さまはあなたに、あなたにしかできないことがある、だから力を貸してほしいと言っているのです。

小さいことから

では、私たちは戦争のない世界をどうしたらつくれるのでしょうか？一つ言えることは、頭で平和を理解してもだめだってことです。〝自分は平和をこう考える〟と主張するよりも、他者を受け入れるスペースを心に作ることによって、神さまの前に自らを差し出していけたらいいですね。

それは、「自分らしくないこと」をすることから始まるかもしれません。一日一回、自分らしくないこと、普通だったらしないことをあえてやってみる。たとえば、普段は自分から声をかけないけど、「おはよう」と言ってみたり、いつもは言わない、日頃の感謝を伝えてみたりするのはどうでしょうか。ここから平和は始まるのだと信じています。

第8信　時には楽しく聖書を読んでみる

マタイの福音書五章四一～四二節

皆さんはそうしたほうがいいとわかっていても、できない時ってないでしょうか。今の私がそんな感じです。それなので、きょうは〝そのままの私〟で、聖書をいつもとは違った角度から読んでみたいと思います。

聖書を愉快に読む!?

聖書に「右の頬を打つ者には左の頬も向けなさい」とか、「自分の敵を愛し、自分を迫害する者のために祈りなさい」というところがありますよね（マタイの福音書5章参照）。「そんなことはできないから無理です」とまずは宣言してみます！　そうすると、何だか少し違う感覚がやってきました。嫌いな人をがんばって愛そうとしているとつらくなります。でも、無理だということを受け入れてみたら、自分の外から違う空気が心に入ってきた感じがしたんですね。

聖書の言葉は、「こうしなきゃだめ」ということではなく、愛の表れであることに気づいたら、あきらめではなく、それでも何かが起きるかもしれない、神さまが助けてくれるのではないか、という希望が心に広がってきたように感じました。

そこでもう一度「右の頰を打つ者には左の頰も向けなさい」という言葉について考えてみました。これは、「痛いけど、もう一度痛い思いをしなさい」ということではなく、「えーっ、まじで？」と思わせる非常識さを描いているのではないかと思ったのです。『そんなことしないでしょ。びっくりするよ」みたいな。自分がもし、嫌いな人の頰を叩《たた》いた後に、その人から「こっちもどうぞ」なんて言われたら、ビックリして「もういいし」と思っちゃうだろうなぁと。そして、その雰囲気で「まぁ、いいか」と怒りも薄くなって、心に光が照らされる気がしました。

復讐《ふくしゅう》ではない方法で

後で、この聖書の箇所を学んだ時に発見したのですが、この聖句が書かれた当時は、〝公平さ〟を大切にしていました。だから、この聖句は「目には目を、歯には歯を」の後に出てくるわけですね。この言葉は、目をやられたら同じく目だけに復讐し、それ以上やらないようにという意味で使われているそうです。ここには公平な裁き方が示されているわけですね。でも、そこでイエスさまは〝それ以上の愛〟をここで提示しているのです。

公平さからは愛は生まれないものです。だから、当時の人が聞いたこともないことを、大胆に、大げさに、あっと驚く形で表現しているわけです。右の頰を打たれたら、反対の頰も出しちゃいなさいみたいな。そうしたら、復讐心に囚われすぎていた心が少しは緩くなり、相手を赦せるだろうと。そして、自分の思いだけではなく、相手の思いも考えることができるようになるだろうということで、この言葉があるわけです。

償いは、「1」やられたから「1」やり返せた、では収まらないですもんね。そこに、公平な行動だけではなく、相手を思いやる心を現すことをイエスさまは教えてくれているのだろうと思いました。

大切なのは行動ではなく、思いやり

この後に、「一ミリオン行くように強いる者がいれば、一緒に二ミリオン行きなさい」（マタイの福音書5章41節）が出てきますよね。もうこうなったら、「えー、まじで!?」と相手に思わせてやりましょうよ。自分にはできないと決めつけるのではなく、神さまが共にいて、助け以上の奇跡を起こしてくれると信じてみる。それも悪くないなぁと思ってきました。

マタイの福音書五章には、「自分の敵を愛し、自分を迫害する者のために祈りなさい」という言葉が出てきます。この「祈りなさい」という言葉は、ギリシア語で特別な〝中動態〟という文法が使われています。「祈り」という神さまの臨在の下に自分を置きなさいというニュアンスです。

時に自分を敵とし、迫害してくる人がいるかもしれない。そのような人のために祝福を求めたり、赦したり、愛したりできないかもしれない。しかし、そのような自分の思いがいっぱいの心で行動し始めるのではなく、まず、祈りの中にある自分を見つめること。

祈りとは、神さまとの愛の祈りの中に自分がいることを確認し、そして洗いざらいすべて話して、神さまの思いを受け取る隙間を作ることなのかもしれません。そうすると神さまの思いや、相手の立場になって考えることができるようになるかもしれないですね。

第9信　「いいね」と言い合えないところにある愛

ヨハネの福音書一五章一三節

時に聖書を読んでいてつらくなることってありませんか？　私はあります。きょうは、その時に感じた新しい発見についてお話ししますね。いつも私の話を聞いてくれてありがとうございます。

自分にはそんな愛はない……

私が聖書の中で一番読みたくなかった箇所が、ヨハネの福音書一五章にある「人が自分の友のためにいのちを捨てること、これよりも大きな愛はだれも持っていません」(13節)でした。

この聖句の前には「互いに愛し合いなさい」とあるので、「そうだよな。互いに愛し合えたら世の中平和でいいよな」と思って読み進めます。そうすると、この聖句が待っているわけです。自分の命を捨てるほどの愛で友を愛しなさいと言われていると思うと、自分の愛のなさを突き付けられているみたいで苦しくなっていました。だって、自分の中にはそんな大きな愛はないわけです。イエスさまを信じ、新しく生まれ変わったのだから、イエスさまのように人を愛していけるはず、と何度も努力してみました。でも、やっぱりだめだったんですね。

そんな現実を突き付けられ、もう無理だと思って祈っていると、優しくイエスさまが語りかけてくれたことがありました。〝それは、あなたの中にはないかもしれないけど、わたしはあなたのために自分の命を十字架につけたんだよ〟という言葉でした。

聖句にある「自分の友のために命を捨てる」ほどの愛は、私たちの目標としてあるのではなく、イエスさまの愛を表していたんだと気づいたのです。そうしたら新しい見方が生まれました。

結果ではなく、過程で神を感じることが大切

私にはそんな愛がないから苦しかったんですけど、その〝ない〟という部分にイエスさまが愛を注いでくれるんだとわかったら、〝ない〟という不在ではなく、主ご自身を期待する信仰が生まれてきたのです。

以前は、一生懸命に人を愛そうとがんばっている自分でした。その自分はあたふたしてたり、どっかで無理していたりして、実は苦しさしか表せていなかったことに気づきました。愛せたか、うまくできたかという結果ばかりを求めていたわけです。でも、それだと、愛が表れないということに気づきました。

その「結果」とは私の都合です。そんなことよりも、自信がなくても、イエスさまの愛を私を通して表していく過程にこそ伝わる愛があるんだと

気づいたわけです。それは、自分を信じるのではなく、私の中にいてくれるイエスさまを信じることだったんです。

たとえば病院に行ったとき、カルテしか見ない医師から、病気になった理由を突き付けられるより、こっちを見て丁寧に対応してくれる医師のほうが、愛を感じますよね。結果的に同じ病気と判断され、同じ薬をもらって治ったとしても、丁寧に対応してくれた病院にまた行こうと思いますよね。

結果だけでは寂しいものです。結果ばかり求めていると、私を助けようとしてくれているイエスさまが見えなくなってしまうなぁと思ったんです。

「いいね」ではないところで繫《つな》がる

今の時代はある意味、成果があるところ、うまくできたところを評価し合う世の中かもしれません。そうすると、いいところでしか人と繫がることができません。

私たちはイエスさまの前に、できない自分を差し出すことが必要です。それは、SNSで言う、「いいね」をどれだけもらえたかというところで繋がるのではなく、「いいね」と言われないところ、人には言えないような部分で人と繋がることが大切だと思いました。

そうすると、私たちはみんなイエスさまの愛が必要な者同士だよね、と互いに励まし合えるのではないかと思いました。たとえ、自分の中には「友のために命を捨てるほどの愛」がなくても、その愛を持つイエスさまがこの世に現れ、私たちが互いに励まし合えるように愛を注いでくださるのです。

第10信　求めているのは安堵感？　それとも解放感？

ルカの福音書一五節四～六節

私は、左手の指がないという障害を持って生まれたので、自分の弱さを知られないように生きてきました。それなので、隠せてよかったとか、ばれなくてほっとしたという経験ばかりしてきました。そんな私なので、「ありのままの自分でいいよ」という解放感を受け取るのが難しかったのです。きょうは、その葛藤について書きますね。

イエスさまにとって私たちはいつも一匹の羊

ルカの福音書一五章には、迷っている一匹の羊が出てきます。羊は転んだら自分で起き上がれない動物です。そんな羊が孤独に迷子になってしまいます。自分ではどうすることもできない、敵に襲われる可能性もある、不安しかない状況にいるわけです。そんな時にイエスさまに見つけてもらうのです。迷った羊はうれしかったはずです。イエスさまは見つけたら、「喜んで羊を肩に担ぎ、家に戻」るとあります（5〜6節）。ただ見つけただけではなく、担ぎ、「おまえの居場所はここだよ」と言ってくれるのです。

十八歳でアメリカに家出し、私はとても孤独な人生を歩んでいました。誰も入れない心の奥に「塀」があって、本当の自分はその中でうずくまっているような人生でした。でも、イエスさまは、その心の奥の塀を壊して来てくれたのです。

イエスさまと出会う以前の私は、何かうまくできたら自分を認められると思って生きていました。だから、自分の障害は弱さで、克服しなくてはいけないことだったのです。でもイエスさまは、何もできない、弱いままの私のところに来て、「おまえを愛している」と言ってくれたのです。百匹の中の一匹の羊は、普通だったらいなくなったのがわからないくらいです。そんな小さな存在に対しても、イエスさまは大切に思い、価値を見出してくれるのです。

「あなたがたのうちのだれかが羊を百匹持っていて、そのうちの一匹をなくしたら、その人は九十九匹を野に残して、いなくなった一匹を見つけるまで捜し歩かないでしょうか。」

（ルカの福音書15章4節）

安堵感と解放感の違いについて

イエスさまが、私を必要としてくれていることがわかったとき、塀の中でうずくまっていた自分が解放され、一世一代の挑戦に向かう勇気と、そして見つけられた時の涙を体験する二重の喜びを得たような感覚でした。

私の人生は、弱さを隠せてほっとすることの繰り返しでした。隠せて安堵する。ばれるかも……とひやひやする気持ちが終わるという感じです。やりたくない宿題を徹夜で終わらせたというような、自分の都合の安堵感です。でも、イエスさまに見つけてもらった時の平安は、解放される感がありまます。ここには確かな違いがあります。それは自分の殻が破れ、他者のためにベクトルが向くことかなと感じています。

外へ向く力は弱さから

私が二十代の時、吉祥寺の古着屋でバイヤーとして働いていた時のことです。私がお店番をしていると、ふらっと遊びに来る少年がいました。事情があり、家も家族もない少年でした。お店が終わってからご飯を食べさせてあげたり、夜中まで一緒に語り合ったりしたことがありました。

どこかで彼のことが気になっている自分がいました。それは、おそらく私のように彼も孤独だったからだと思います。いつもは隠していた自分の弱さを、彼の前では隠す必要がなかったのです。それだけで、私は解放されました。弱さを隠すのではなく、弱さを通して他者に向かう私が動き出したのです。それは安堵感ではなく、解放感でした。

十数年後に彼と再会します。そのとき、彼はレストランのコックになっていました。「あの時はありがとう」と言われたとき、とてもうれしかったのを覚えています。何か良いことをしようなんて特別思っていなかったのです。ただ、弱さを通して一緒にありのままでいられる時間を過ごしただけです。でも、それが彼の力になったと言われました。

人が居場所を見つけたとき、自分の中にやり直せる力を見出せることを感じたのです。自分は弱いままですが、「居場所」には、イエスさまがいてくれるからです。「あの時一緒にいてくれたから今がある。今度は過去の自分がしてもらったように、誰かの居場所になれたらと思って料理をしたい」と彼は言いました。彼もまたイエスさまに見出された一匹の羊です。

第11信　「神から始まる自分」を受けとめるために

ガラテヤ人への手紙五章一六節

私たちは神さまから助け主である聖霊を与えられ、その聖霊によって導かれる人生を歩んでいるのですが、時にそれがどういうことかわからなくなることってありませんか。きょうは、聖霊に導かれて歩む人生について考えたいと思います。

「御霊によって歩みなさい。そうすれば、肉の欲望を満すことは決してありません。」
（ガラテヤ人への手紙5章16節）

まず一緒に考えたいのが、霊と肉の比較です。肉と霊とが対立していると言われると、どっちをとればいいのかと考えます。肉の思いは捨てて霊に従いなさいと言われると、自分を否定されている気がして苦しくなります。でも神さまは、そんなことはされません。

私たちは、〝行動の先に〟その結果としての自分の価値や信仰を見出そうとしてしまい、自分の計画を成功させることばかりを考えてしまう。そうすると、神さまが見えなくなってしまい、肉の思いに捕らわれてしまうわけです。そこには苦しさがあります。それなので、パウロはこのように言っているのです。

私たちは、少し捉え方を変えて、〝聖霊の導き〟を〝行動の手前〟にある「本当の自分」で受け取ってみたいと思います。「この行動の先を助けてください」と思ってしまいがちですが、そうではなく、肉の思いを持つ私とあなたの存在意義を確かにしてくれるのが聖霊の導きです。私とあなた自身が、神さまの計画の中にあることを覚えさせてくれる助けなのです。

そして聖霊の導きとは、肉の思いを、時には「こっちのほうだよ」と修正してくれたり、神さまへの思いへと作り変えてくれることです。私たちに、何かできるから神に愛されているのではなく、神さまは「あなた」という存在を認め、あなたを必要とし、そしてあなたを通してでしか成し得ない計画を与えていることを、聖霊は教えてくれます。それを受け取ることこそが、聖霊の導きであり、私たちの信仰なのです。

「この二つ〔肉と御霊〕は互いに対立しているので、あなたがたは願っていることができなくなります。」

（同17節）

でも、私たちは〝行動の手前〟で神さまの愛を受け取るのが苦手だったりします。それなので、神さまの計画を見せてもらっているのに、自分の計画にしがみついてしまう時があるのです。そうなってしまうと、肉と霊の対立が起こってしまいます。そうならないために、霊に従う時の大切な二つのポイントをお話ししたいと思います。

武道家が竹刀を振り下ろす時の力は、がんばっても限界があるそうです。でも、振り下ろすだけではなく、体を降ろし、竹刀を回転させることを知ると力が増すというのです（養老猛司『運のつき』新潮社）。聖霊に従う時も、二段階で考えるのが大切です。

まず、私たちは、自分のしていることを手放すのではなく、自分自身を主の元に手放すことです。それは、どういうことかというと、行動の手前にある「自分」という存在が神さまの計画の中に生かされていることを受け取る、ということです。そのために、聖霊は私たちをいつも悔い改めへと導きます。時に、自分がすべての業を成しているように勘違いしてしまうような私に、「そうではなかった。私ではなく、神さまだった」と信仰を新たにする道です。

肉の思いで心をいっぱいにしていると、逆に不自由さの奴隷のような時もあります。聖霊は、そんな私たちの心を知っていて、「大丈夫だよ。神さまはすべて知っているのだから、わたしを信じなさい」と言ってくれるのです。悔い改めとは、「ごめんなさい」というよりも、心を空にして聖霊の導くほうへ方向転換することです。そのために、持っているものを手放すのです。

次に、私たちは〝新しい自分〟を受け取るのです。それは神さまから始まる自分で、神さまの計画の中にある、主の管《くだ》であることがわかってくるのです。そうすると、肉の自分が持つ計画を自分の方法で達成させようという思いから解放され、主の計画の一部として、これを〝達成させる〟のではなく、〝主の形にしてもらおう〟という思いになっていきます。その時に、必ず神さまは私たちの思いを受け取ってくれて、この思い以上の奇跡を起こしてくださるのです。これが霊の導きに従う私たちの、驚きに満ちた人生なのです。

この世の暗闇に、主の管である私たちは主の希望の光を照らしていきたいと思います。

おまけ漫画
「超越って何？」

漫画 = boyos

まあこれを見てよ
ひょいっ
見《み》えない世界《せかい》
超越性《ちょうえつせい》
真実《しんじつ》・本質《ほんしつ》
見《み》える世界《せかい》
現象《げんしょう》・道徳《どうとく》
「見《み》える世界《せかい》」と「見《み》えない世界《せかい》」には隔《へだ》たりがあるから
「見《み》えるところ」からは神《かみ》の愛《あい》は見出《みいだ》せないのだよ。
どっからだしたんだ
雨で見えなくても太陽はあるでしょ
だから道徳《どうとく》の先《さき》にではなく
見るほどわからない…!
思《おも》ってもみない現象《げんしょう》を超《こ》えた先《さき》に神《かみ》の愛《あい》はある。

JOさんとカフェ LIVING Room 61 で、ホッと一息

自己実現はだめなんでしょうか？
これは、とてもセンシティブなところですね。ただ言えるのは、「神」か「自分の思い」か、と二者択一という天秤にかける必要はないということ。神さまは、「自己実現したい」というその思いすら、「神の思い」へと変えてくださることがあります。ただ、自分の思いが強すぎると、中身が何であれ、神様の思いを受け取りにくくなることも事実です。

III

神からあなたへの片道書簡

～超越と内在のメッセージ～

《メッセージ》キリストのために苦しまなくてはいけないのか？

あなたがたがキリストのために受けた恵みは、キリストを信じることだけでなく、キリストのために苦しむこと〔キリストのための苦しみ、彼の苦しみを受けること〕でもあるのです。

ピリピ人への手紙一章二九節（〔 〕内著者）

私たちは苦しみを考える時に、その内容よりも、その苦しみ自体をどうにかなくそうとすることで頭がいっぱいになります。でも、その〝どうにかしよう〟という考えは**内在的な考え**ですから、そこに答えがないことを私たちは知っています。そこで、きょうは、その苦しみの背後にある**超越性**に目を向けます。苦しみの背後には超越した希望の光があります。

超越への道、それは「見えない世界」への旅路です。神さまとの信頼の道。たとえ、祈りがきかれなくても、問題ばかりが起こっても、思いどおりにいかなくても、それでも、その先にある神さまのみこころを受け取る道。イエスさまが、どんな時も私たちの存在に意味を与え、必要とし、愛してくれていることを信じ、超越した愛を受け取る道です。

私たちは、超越を理解するうえで知っておかなければいけないことがあります。それは、私たちは目の前の状況や理解で自分の価値や意味を見出すのではないということです。私たちの価値と意味は〝行動の手前〟にあります。それは、神さまがあなたを創造されたということです。困難の中を通っていても、希望を持てるのは、困難のうちにもイエスさまが共にいてくれるからです。それゆえに、「私たちの国籍は天にある」と聖書はいいます。

ある時、教会のカフェで、信仰のしるしとして癒やしを信じている人と、癒やしを信じていない人との対話の中にいました。そこにいるのはみな友人です。お互いに理解し、認め合っている関係にあるのですが、この癒やしに関しては違いました。

悪い雰囲気になってるわけではないので、互いの違いを認めることで良しともできるのですが、何となく神さまからの促しがあり、私は話をすることにしました。

私は、お互いに同じ神さまを違う角度から見ているだけなのかもなぁと感じていました。どういうことかというと、癒やしを信じているという方には、「たしかに祈ったら即座に祈りが叶えられる（**内在**）ことを信じていますが、究極的には瞬時に祈りを叶えてくださる全能な癒やし主である神さま（**超越**）を信じているんですよね」と伝えました。また、癒やしを信じていないという方には、「たしかに祈ったら何でもすぐに解決するとは思えなくても（**内在**）、究極的にはどんなことでもできる全能な癒やし主である神さま（**超越**）を信じていますよね」と伝えたのです。

見えない世界におられる神さまにあって、私たちに見えるものは違うことがあるかもしれませんが、でも、同じ神さまを見上げているということを覚えることができたらいいですよね。そのためには、この超越への道が大事になるわけです。

冒頭の聖句は、まずキリストのための苦しみも恵みだと言います。そんなことを言われても、キリストのために苦しむなんてやだなと思いますよね。でも、一歩引いて見てみると、イエスさまは、私たちが苦しむことを強要しない方だとわかります。そうすると、この聖句の捉え方が違ってるかもしれない、ということになります。

私たちは、理性を〝理解すること〟だけに使っている感じがします。それが信仰の葛藤の原因だと思います。それなので、一歩下がって理性を違うかたちで使って聖句を読んでみたいと思います。どうするかというと、全能なる偉大な神さま**（超越）**を〝私〟という箱の中に入れるために小さくして理解する**（内在）**のではなく、超越した、理解を超える神さまをそのまま見上げるのです。

そのことを踏まえて先ほどの聖書箇所をみると、「キリストのために苦しむこと」は、じつは、私たちを苦しめるのではなく、むしろ信仰の葛藤から救ってくれる愛の言葉として捉えられないでしょうか。なぜ、このみことばを読んだ時、「キリストのために苦しむこと」は嫌だなと反射的に思ってしまうのか。それは、あなたの信仰が弱いからではありません。ただ、目線の問題なのです。

それは、超越と内在の境界があやふやになったから起こるのです。自分がどう苦しみから抜け出すかと考えるのではなく、キリストの苦しみは私の思いを超えたところにある希望を受け取るためにあることがわかるのです。

「キリストのために苦しむこと」のふたつの意味

ひとつは、私たちがキリストのための苦しみを味わう時、〝そこにイエスさまはおられる〟ことを知ることができます。なぜなら、私たちがイエスさまのために苦しむ時、私たちを放っておくようなお方ではないからです。イエスさまは私たちが苦しむ時、「その苦悩はわたしのものだ」と言って、共に背負ってくださるお方です。しかし、私たちは苦しみの時、自分だけでそれを背負っていると思ってしまいがちです。

また、〝できること〟ばかり探していて、それがうまくできるようにと自分だけでがんばっていないでしょうか。私たちが〝できること〟ばかりを探す時、逆に〝できないこと〟に目がいってしまい、落ち込んでしまうのです。

しかし、イエスさまはそんなことを望んでおられないのです。神さまは、何もないところから奇跡を起こせるお方です。「できないこと」を見て落ち込むのではなく、冒頭の聖句を覚えてほしいと思います。

〝できないところ〟には、キリストの苦しみがあなたと共にあります。そして、「大丈夫だよ。わたしがあなたの苦悩を十字架の上で背負ったのだ」と手を差し伸べてくれているイエスさまを知ることができるのです。

たとえば、あなたが教会に行けない時、イエスさまはそんなあなたを責めたりはしません。それよりも、「教会に行く」が一番ではなく、「神さまに会う」のが一番の思いなんだよね、とあなたの葛藤を知っていてくれるのです。あなたが、奉仕がうまくできないと悩む時も、イエスさまは責めたりはしません。それよりも、「本当は神さまのために何かしたいと思っているだけなんだよね」と、あなたに寄り添って苦悩を共に担ってくれるのです。
キリストの十字架は、あなたの表面的な失敗ではなく、その奥にある、あなたの気持ちを受け取っていることを教えてくれるのです。

ふたつ目は、私たちがキリストのために苦しみを味わう時、十字架が希望としてあるということです。そこにイエスさまの苦悩があること知ると、苦悩の中にある自分を責めなくてもいいこと、そこから、神さまを見つめることが信仰であることを教えてくれます。

じつは、それは〝普遍の希望〟につながります。表面的には、自分の力には希望がないから落ち込んで苦しんでいるわけです。この世はそれを〝絶望〟と言います。でも、キリストにある私たちには違います。希望がない状態にこそ、十字架の上で輝く神さまの希望があるのです。

何かに成功した時、そこには達成感や安堵感が漂うかもしれません。言いにくいですが、そこからは、〝自己満足の愛〟しか生まれないように思います。神さまから始まらないかぎり、この世を変える力ある愛は生まれないのです。

神さまを信じる力だけを持っていたら、もし神さまを信じられなくなった時、そんな自分を責めてしまって、つらいですよね。でも、冒頭に挙げたピリピ人への手紙一章二九節は、そんな時こそイエスさまはご自分のために苦悩している私たちのそばにいて、励ましてくれることを教えてくれます。「そんなに苦しんでくれてありがとう」と他人事のように私たちの苦悩を見るのではなく、「その苦しみはわたしの苦しみだ」と受け取り、絶望の中に一点の希望の光を共に見出してくれるのです。

だれかのための〝苦しみ〟

私の人生は〝できない〟だらけでした。学校に行けない、勉強もできない、友だちもうまく作れない、孤独な人生でした。そこには絶望しかありませんでした。そんな私は、この聖句に励まされました。それは、〝成功〟や〝うまくいく〟からではありません。だって、苦しいんですから、絶望なんですから。そこに華やかなものを提示されても、この痛みは癒やされませんでした。私の痛みを癒やしたのは、たった一つ、〝キリストの苦しみ〟だったのです。

それを受けた時、涙が流れました。そしてのちに、自分がまったく違う自分に生まれ変わるという体験をしました。私の中には何も良いものがなかったわけです。だから、私が六〇%として、足りない四〇%をイエスさまに補ってもらって一〇〇%になり「うまくいく」と言われても、うれしくもありません。でも絶望の中に、主の希望が生まれたのです。その希望を受けて、私は全く違う者へと生まれ変わることができたのです。

キリストの苦しみが、なぜ私の苦しみを癒やしたか。それは、キリストの苦しみには〝超越性〟があるからです。私から始まるのではなく、神さまからすべてが始まることが希望なのです。だからこそ、自分ではなく、神さまを見つめているべきです。「成功した自分がすごい」と表現するのではなく、「自分の力は足らないけれど、神さまはゼロを一〇〇にする、奇跡を起こすお方なんだぜ」と神さまの愛を伝えていけたらいいですね。

生まれ変わった私は、自分だけが苦しむことなく幸せになることを望むのではなく、私の苦しみが人のためにあることを知り、そこにある「キリストのための苦しみ」という希望を、同じように苦しんでいる人のために伝えていきたいという使命を与えられたのです。

二〇二一年、旭川で十四歳の女の子がひとりで命を絶った事件がありました。彼女は長い間いじめにあっていました。孤独の中、だれからも理解されず、苦悩の末、ひとり公園で亡くなったのです。そこにいくまでも大変なことの連続でした。卑猥《ひわい》な写真を携帯で撮って送らされたり、川に飛び込めと囲まれたりしていました。それを強要した人や周りにいた人はこう言います。

「自分は冗談で送れと言っただけだ。」

「うちの子は悪ふざけしていただけなんです。」

「死ねないのに死ぬなんて言うな」と言われ、川に飛び込む時、周りにいた人はだれも止めに入らず、みんな写真を撮っていたといいます。学校も最初はいじめがあったことを認めませんでした。大人たちは人のせいにする発言ばかり。だれも彼女に手を指し延べる人がいなかったのです。

もしだれかが、自分の立場を超えて、彼女のところに行くことができたら、彼女の苦しさを共に担える人がいたらと考えてしまいます。〝無関心〟は超越の愛を隠してしまいます。

私たちが苦しむ時、イエスさまがその苦悩を受け取ってくれていること。そして、そこには十字架があり、絶望に輝く一点の光があることを、私たちは弱い立場にいる人のために伝えていけたらいいですね。

キリストの苦悩は、多くの人に神さまの愛を伝えることができるのです。あなたの周りにも、あなたの重荷を一緒に背負いたいと思っている人が必ずいるはずです。

《メッセージII》
自分を捨てないと従えないの？

「だれでもわたしに従って来たければ、自分を捨て、自分の十字架を負って、わたしに従って来なさい。自分のいのちを救おうと思う者はそれを失い、わたしと福音のためにいのちを失う者は、それを救うのです。」

マルコの福音書八章三四～三五節

自分の大切にしている思いを伝えることが難しい、と感じた経験をしたことはないでしょうか。たとえば、ノルウェーに行ったことのない人にノルウェーの自然の壮大さを伝えようと思っても難しいものです。なぜなら、それらのイメージが大きすぎて実感できないからです。

冒頭の聖句は、イエスさまが弟子たちに一番大切なこと（**超越**）を分かち合うところです。でも、弟子たちは全然わかっていません。これまで一緒に行動し、イエスさまの奇跡や、癒やしをだれよりも近くで見てきました。でも、イエスさまが十字架に架かり、三日目に復活するという救いについては理解ができないでいました。

そんな弟子たちに、この箇所の少し前でイエスさまはご自分がメシアであることを伝えています。ここでイエスさまは、メシアとしてどれだけ人々を愛し、いのちをかけてこの世の罪から人々を救い、贖《あがな》い、神さまのもとへと買い戻すために死ぬ覚悟で来ているのかを伝えているのです。

ここで私たちも注意したいのですが、メシアとしてイエスさまが語られる、この愛と救いは《**超越性**》です。この地上での、「内在的」な、私たちに理解できやすいかたちの、感情的に受け取れる愛とは違うものです。父なる神さまの救いは《超越的》

なもので、私たちの理解を超える、不可解なものです。そのくらい大きな愛で、私たちを買い戻して（贖って）くれたことを覚えたいと思います。

同じマルコの福音書八章三三節で、イエスさまはペテロに「あなたは神のこと（超越）を思わないで、人のこと（内在）を思っている」と言われました。それは、内在的な視点でいるペテロには、イエスさまが十字架に架かることは〝失望〟として見えたからです。

たしかに、ペテロはイエスさまと共に生活をしました。でも、イエスさまがなぜこの世に来たのかという深い思いを受け取ることができなかったのです。なぜなら、イエスさまの受肉は《超越的》なものだからです。理解を超える大きな神さまの愛の計画です。だから、頭で理解しようとしている弟子たちには見えない世界観だったわけです。

このペテロの姿から、私たちは自分の姿を省みることができます。どうして癒やしてくれないのですか？　どうして答えてくれないのですか？と、内在的な（目に見える）しるしばかりを求めてしまう私たちです。それをしてくれないからといって、イエスさまがそこにおられないと思ってはならないのです。私たちも自分の理解できる範囲で神さまを判断してしまい、神さまを小さくしてしまうのではなく、理解を超えたところでイエスさまは私たちを見捨てずに、守ってくれていることを受け取りたいものですね。

私たちの理解を超えるところで神さまを見出すことができる時、私たちの〝理性〟ではなく、〝神さまの思い〟が私たちの指針となるのです。私が自分自身の王座に君臨し続けて、キリストを迎えても、自分が王座にいるかぎり、イエスさまの《超越性》が現れないからです。そうすると、私たちの信仰はゆらいでしまいます。

しかし、キリストを王座に迎える時、神さまの愛の支配の中にいる私たちであることを知るのです。そこには、苦しみが苦しみで終わらない信仰があります。そして、苦しみや葛藤のただ中にある時にも、神さまの愛を受け続けていける私たちになることができるのです。苦しみのただ中にあってもその解決だけに心が向くのではなく、すべてを解決してくださる神さまがここにおられるということを信じていける人生があるのです。

そこにこそ、本当の自由があります。

その人生を受け取る方法が、三四節に出てきます。

「だれでもわたしに従って来たければ、自分を捨て、自分の十字架を負って、わたしに従って来なさい。」

ここにはふたつの「自分」が出てきます。ひとつは「捨てる自分」、そしてもうひとつは「十字架を背負う自分」です。おそらくこのふたつは違う自分だと思いますので、ひとつずつ見ていきます。

捨てる〝自分〟

「自分を捨て」と書いてある「自分」は、いったいどんな「自分」でしょうか?「自分を捨て」とは、ただ捨てて何も残らないということではなく、私たちがイエスさまに従うためのものであることを覚えておきます。

従う時にイエスさまが「捨てなさい」と言うということは、それが従うために必要なことで、捨てたほうが従いやすいからです。もう少し言うと、私たちにとってイエスさまの愛を体験できる**（超越）**からです。

では、従う時に捨てるのは自分の、どの部分だと思いますか？「捨てる」というと、主の前に出せないような自分は捨てて、でも、「こんなことを主のためにできます」という自分**（内在）**は残しておくというように考えがちだと思います。

でも、ここで〝捨てる自分〟とは、神さまにも見せたくない弱い部分の自分だけではなく、自分そのものです。なにかできるという部分もあえて捨てるのです。手に握りしめている〝自分〟を捨てるのです。

私が三十代の時には、神さまから「青年のために働きなさい」と言われていると思い、音楽伝道でいろんなところに行っていました。でも、実際は行く先には青年はおらず、出合うのは分裂した教会や病んでいる牧師などと、自分の思い描いていたものとは、ぜんぜん違うものでした。でも、神さまの計画**（超越）**はたしかにそこにあり、私たちにしかできないことがそこにはあったのです。

自分の思いにとらわれて、「私は青年のためにしか働かない」と思っていたら、神さまに従えなかったかもしれません。

自分を捨てるとは、自分の心の中心を明け渡すことです。

イエスさまは、決して私たちそれぞれのキャラクターを否定したりしません。〝私らしさ〟を捨て、まっさらになって従いなさいとは言っていないのです。

ここで「自分を捨てる」という意味は、自分でしがみついている〝自分らしさ〟や〝こうあるべきだ〟という思い**（内在）**を捨て、心の中心にイエスさまを迎え入れることです。その時に、自分でしがみついている自分らしさではなく、イエスさまが私らしさ**（超越）**を与えてくださることを信じることなのです。

さて、「自分を捨てる＝心の中心にイエスさまを迎え入れる」準備はできたでしょうか？　次に私たちがすることは、二番目、十字架を背負うことです。

十字架を背負う

その前に、心の中心にイエスさまを迎え入れる時に出合うものがあります。それは何かというと、すべてを捨てて見えるもの——自分の孤独です。私たちが主の前に自分を捨てる時、孤独の中に立たされます。自分を主にゆだねるわけですから。イエスさまが私の心の中心に来てくれるまでの一瞬だけ、そこは暗闇と孤独があるかもしれません。でも、それは一瞬で、暗闇で終わるわけではなく、イエスさまを迎え入れるための空間だと思ってください。なぜなら、この空間こそが信仰であり、超越した神さまの思いを受け取る場所だからです。

静かにその心にある孤独な空間を見つめる時、イエスさまが必ず語りかけてくださいます。「そこはわたしのためにある場所だ」と。「わたしがあなたを守り、導くのだ」と教えてくれるのです。

それが、十字架を通して成される御業《みわざ》で、ここで表されている「十字架を背負う」

という意味です。

自分の十字架を背負うとは、「私にはあなたが必要です」と告白することです。

キリストなしでは生きていけない孤独な自分を認めることなのです。罪人として生まれた、キリストなしでは生きていけない自分の孤独を背負うのです。

ギリシア語では、この背負うは「そこから動かす」という意味があります。それは、キリストがいない場所にあった自分の孤独 **(内在)** を、キリストの愛のうちに移し、そこでその孤独を見つめる **(超越)** ということです。

あなたが絶望の窮地に立たされた時に思い出してください。すべての希望はキリストのうちにあるのです。だから、私たちが見るべきところは、絶望している姿ではありません。いま絶望しているあなたは、イエスさまを、ありのままの姿（絶望しているその状態）で見上げるのです。

そこが孤独だとしても、あなたはひとりぼっちにはなりません。私たちが孤独に絶望しているところに、キリストの十字架が立っているのですから。イエスさまが必ずあなたに声をかけます。「わたしはあなたと共にいる」と。そして、その絶望を共に背負ってもらっていることを、あなたは知るのです。そこから新しいあなたが始まるのです。

冒頭に挙げたマルコの福音書八章三五節には、こう記されています。

「自分のいのちを救おうと思う者はそれを失い、わたしと福音のためにいのちを失う者は、それを救うのです。」

〝自分の命を救いたい〟という思いは、自分が自分を自分で見ている視点**（内在）**です。そこには救いはありません。私たちはイエスさまを見上げる**（超越）**必要があります。

イエスさまを見上げる時、私たちは新しい自分を受け取ります。福音のためというのは、私たち人間の存在は自分のためではなく、人のためにある存在であると知ることでしょう。人の痛みや苦しみは、それだけでは癒やされないものです。だって、苦しさは苦しさでしかないのですから。でも、主にある癒やしとは、その苦しみが苦しみで終わらないということを教えてくれることです。

私が苦しんだのは、その葛藤を通して、だれかの葛藤に寄り添うためであり、その人のための居場所になるためです。自分の苦しさが人のためにあることがわかる。それが主にある癒やしなのです。

同じように、私たち自身の存在もそうです。私が自分のことばかりを考えているとつらくなります。でも、〝私〟という存在が人のためにあることを知る時、自分では見出せなくても、自分の価値が見えてきます。だって、神さまがあなたを必要としているのですから。

福音が教えている〝私〟は、人のために存在する私であるということです。そして、何もないところから、主が事を成してくださることを信じる信仰がそこにあるのです。

《メッセージIII》
私の弱さを受け取る主 ~トマスの信仰~

十二弟子の一人で、デドモと呼ばれるトマスは、イエスが来られたとき、彼らと一緒にいなかった。そこで、ほかの弟子たちは彼に「私たちは主を見た」と言った。しかし、トマスは彼らに「私は、その手に釘の跡を見て、釘の跡に指を入れ、その脇腹に手を入れてみなければ、決して信じません」と言った。

八日後、弟子たちは再び家の中におり、トマスも彼らと一緒にいた。戸には鍵がかけられていたが、イエスがやって来て、彼らの真ん中に立ち、「平安があなたがたにあるように」と言われた。

それから、トマスに言われた。「あなたの指をここに当てて、わたしの手を見なさい。手を伸ばして、わたしの脇腹に入れなさい。信じない者ではなく、信じる者になりなさい。」トマスはイエスに答えた。「私の主、私の神よ。」イエスは彼に言われた。「あなたはわたしを見たから信じたのですか。見ないで信じる人たちは幸いです。」

ヨハネの福音書二〇章二四～二九節

この聖書の箇所に登場する弟子のトマスは、見ないで信じる信仰がない弟子として有名かもしれませんが、今回はそのようなレッテルを張るのではなく、このトマスの告白と、なぜその告白がヨハネの福音書の最後の大切な場面にあるのかということを考えながら、読み進めていきたいと思います。

この場面だけを見てみると、たしかに不信仰な弟子だなと感じるかもしれません。でも、ヨハネの福音書全体を通して見てみると、少し違った視点が見えてきます。というのは、このトマスのことが書かれている章は最終場面に出てきますし、またイエスさまが復活される大切な場面に出てくるのです。それだけではなく、このぱっとしない信仰を持つトマスが、最後に最上級の信仰告白をしているのです。この意味を共に探ってみたいと思います。

トマスの葛藤

この場面は、トマスが「彼らと一緒にいなかった」（二四節）というところから始まります。

どうしてトマスは、信頼する同志である仲間たちと一緒にいなかったのかと考えたことがありますか？　私もそのような状況に身を置いた経験があります。思いを共にした仲間だからこそ、照れくさくて、また比較されるのが怖くて、一緒にいられないという感じでした。

おそらくトマスも、他の弟子たちと一緒にいられないくらい落ち込んでいたのだと思います。信頼するイエスさまが十字架に架かり、頭の中で描いていたであろう、神の王国の計画も崩れ、どうしていいのかわからないような時、どうしても一人になりたかったのかもしれません。ある意味、トマスはひとり、イエスさまに呼ばれていたんでしょう。あえて皆から離れ、孤独の中へと導かれていたのだと思います。

そんな時に他の弟子たちが「主を見た」と言い出したわけです。トマスの落ち込みようは相当だったと思います。もしかしたら、自分だけ弟子と認められないから、イエスさまは私の前には現れないのではないか、もう自分は蚊帳の外なんじゃないかと不安になったと思います。そんな時ですから、心にもないことを勢いで言ってしまうこともあるかと思います。それなのでトマスは、「その手に釘の跡を見て、釘の跡に指を入れ、その脇腹に手を入れてみなければ、決して信じません」と言ったのだと思うのです。

もし、イエスさまに失望していたら、ある意味、不信仰になっていたら、こんな暴言は吐かないですよね。信じているからこその嘆きです。どこかで「まだイエスさまは……」と思って、希望を捨てきれてないからこそ、まだイエスさまへの信仰があるからこそ、こういう告白になるのだと思うのです。

トマスは孤独の中で、どうにかしてイエスさまを見上げようとしていたのだと思います。この孤独は約一週間続きます。トマスはひとりでこの孤独と不安の中で、葛藤し続けていたことになります。人生のどん底にいたわけです。そこは暗闇ですが、この暗闇に一点の希望の光が射すのです。

八日後に、イエスさまはトマスの元に来て、「平安があなたがたにあるように」と言います。それは、トマスの暗闇に届く声だったはずです。自分の力ではもう元に戻れない。そんな彼に、イエスさまがやさしく声をかけます。

復活したイエスさまと出会ったトマスは、誇れるものが何もない状態でした。空っぽのその心に、イエスさまの優しい言葉が注ぎ込まれた瞬間です。涙を流して喜んだはずです。

「それから、トマスに言われた。『あなたの指をここに当てて、わたしの手を見なさい。手を伸ばして、わたしの脇腹に入れなさい。信じない者ではなく、信じ

る者になりなさい。』（二七節）

この「あなたの指をここに当てて、わたしの手を見なさい。手を伸ばして、わたしの脇腹に入れなさい」というイエスさまの言葉によって、トマスは見ないと信じない〝中途半端な信仰を持つ者〟とされていますが、でも、ここにはトマスは傷跡に触ったとは書いていません。

この箇所の少し前の二〇節には、復活した「イエスは手と脇腹を彼らに示された。弟子たちは主を見て喜んだ」と書いてあります。そうです、傷跡を見ていたのは、トマス以外の弟子たちのほうだったわけです。

トマスも含め弟子たちは、イエスさまと三年半、人生を共にしていました。イエスさまが五つのパンと二匹の魚を五千人に分け与えた時も、弟子たちはそこにいました。病人を癒やした時も、見ていました。イエスさまから手取り足取り教わったことも多くあったことでしょう。共に体験してきたこともたくさんあるはずです。そのことを通して、彼らは信仰を形成していったはずです。

ということは、実際にイエスさまの奇跡を目にした弟子たちにとって、見えるものを信じる信仰ではだめだとはなりません。イエスさまは「見ないで信じる」という信仰の本質を、トマスに伝えようとしているのです。

続いてイエスさまはトマスに、「信じない者ではなく、信じる者になりなさい」と言います。詳訳聖書では、「信じない、不信仰にならないで、今の信仰をしっかり持ち続けなさい」と訳されています。そんな小さな信仰ではだめだと叱るのではなく、今ある、その小さいかもしれない、その信仰をしっかり持ち続けなさいという意味の、イエスさまからトマスへの励ましなのです。

トマスは、ひとり孤独の中で、イエスさまをできるかぎり信じようとしていたのです。ある意味、弟子の中で一番、見えるものではなく、見えないものを求めていたのだと思います。

この場面はイエスさまが、トマスが言った暴言をも受け入れ、それでも「わたしのところに来なさい」とトマスを呼んでいるとわかります。もう少し行間を読めば、「実際に触りなさい」と言っているわけではなく、イエスさまは十字架の死を体験し復活されたことを、痛みをもって、トマスに見えないものを信じる信仰の道筋を示しているんだと思います。

ここは、トマスの葛藤がイエスさまの痛みと出会う場面です。見えないものを信じる信仰は葛藤から始まることを教えています。ヨハネの福音書全体を通して見ると、ここには、「葛藤が葛藤で終わらない」というメッセージがあります。私たちが孤独の中、葛藤する時も、イエスさまは「その葛藤はわたしの葛藤だ。わたしがあなたの重荷を背負う」と言ってくださるのです。そして私たちは、心に希望を注いでくださるイエスさまの愛があることを知るのです。

主を求める信仰とは？

ヨハネの福音書全体を通してこの場面を見てみると、この場面の前の二一節で、イエスさまは弟子たちに「父がわたしを遣わされたように、わたしもあなたがたを遣わします」と言っています。完璧な信仰を、「自分の力で持ちなさい」ではなく、不十分で、目に見えるものを信じるような信仰でも、聖霊の力によってその小さな信仰を大きくするという約束が書かれています。

そして、このトマスの孤独を通して、「私の主、私の神よ」という最上級の信仰告白がこの場面で描かれているのです。この告白を通して、主に何か（見えるもの）を求める信仰から、主（見えないもの）を求める信仰へと進む道が示されているのです。

これらの信仰を段階的に見ていきたいと思います。最初の、主に何かを求める信仰とは、自分を完成させる信仰の持ち方です。その信仰の在り方は、自分の足らなさをイエスさまで満たすというものです。

たとえば、ある奉仕の準備をしていました。でも、だいたい八〇％くらいは大丈夫なのですが、どうしても足らないところがあります。そんな時に、その部分をイエスさまに頼んで自分の計画を達成させるという信仰です。これは、自分中心なところがあるように感じます。トマスが「私たちも行って、主と一緒に死のうではないか」と言う場面（ヨハネ一一・一六）がありますが、彼の情熱的な信仰はここにあったように感じています。自分のできることを情熱を持ってやる信仰です。でも、時にはそれがうまくいかなくなり、まったく的外れなことをしてしまったり、そして、落ち込んだりしてしまうものです。それなので、トマスは弟子たちと一緒にいられなかったのだと思います。

次の、主を求める信仰とは、神さまに自分を見出す信仰の持ち方です。この信仰は、自分の中に力を蓄えるというのではなく、すべてを神さまに見出すことです。「自分ではなく、あなたです」という信仰のあり方です。この信仰は、自分の力のなさを引き受ける信仰です。足らなさではなく、イエスさまを受け入れる空間に信仰を見出すことです。ここには、自分の弱さが足りなさではなく、自分の弱さを通して、神さまの偉大さを受け取る信仰があります。

イエスさまがトマスに問われた、「あなたの指をここに当てて、わたしの手を見なさい。手を伸ばして、わたしの脇腹に入れなさい。信じない者ではなく、信じる者になりなさい」とは、決してトマスを責める言葉ではないはずです。この言葉を通して、イエスさまは、トマスの弱さをはっきりと示されました。でも、それは、そこにイエスさまの愛が注がれることを、トマスが特別に体験するためなのです。それゆえに、トマスはこの後、ヨハネの福音書のクライマックスにあたる信仰の最上級の告白である、「私の主、私の神よ」と告白するわけです。

私たちは、完成したものや、大きいものを神さまに捧げたいと思ってしまいがちですが、イエスさまはそんなことは望んではいないのです。「触らないと信じないよ」と言ってしまう弱い信仰でも、それを完全に受け止めてくださる愛の神さまです。叱るのではなく、その小さい信仰を確信へと導いてくださるのです。だから、「わたしのところへ来なさい」と言ってくださるわけです。

自分自身を見ると、なんて弱くて使いものにならないのかと思ってしまうけど、〝弱い私〟で神さまを見上げる時、私たちは、希望のすべては自分からではなく、キリストのうちにあるということがわかります。

それゆえに、「私の主、私の神よ（私ではなく、あなたこそが神です）」という告白が、信仰の最上級となるわけです。そのために、主は私たちを孤独へと呼んでいるのです。それは、イエスさまと私たちが出会うためなのです。

もう一度、主の十字架の前にへりくだり、進み出たいと思います。

Joさんとカフェ

LIVING Room 61で、ホッと一息

神様を信じている時と
そうでない時があるのが
苦しいです。
絶対的な信仰を持ち続けるには、
どうしたらよいでしょうか。
私が不信仰になっても、
神様は信仰を与え続けてくれます。
神様は絶対に私たちを見捨てない。
ただ、私たちはというと、
揺れ動く存在です。
それでも、神様が変わらず私たちに
愛を注いでくださることを
信じましょう。

《メッセージⅣ》
マルタの行動の中にある静けさ

さて、一行が進んで行くうちに、イエスはある村に入られた。すると、マルタという女の人がイエスを家に迎え入れた。彼女にはマリアという姉妹がいたが、主の足もとに座って、主のことばに聞き入っていた。

ところが、マルタはいろいろなもてなしのために心が落ち着かず、みもとに来て言った。「主よ。私の姉妹が私だけにもてなしをさせているのを、何ともお思いにならないのですか。私の手伝いをするように、おっしゃってください。」

主は答えられた。「マルタ、マルタ、あなたはいろいろなことを思い煩って、心を乱しています。しかし、必要なことは一つだけです。マリアはその良いほうを選びました。それが彼女から取り上げられることはありません。」

ルカの福音書一〇章三八～四二節

私たちがこの箇所を読む時には、マルタとマリア二人の特徴をとらえようとするのではないでしょうか？　たとえば、マルタは行動ばかりで、逆にマリアは祈りに徹していて何もしないというようにです。

たしかに、私たちはマルタのように、「なんで、私はこんなにしているのに、あの人は何もしないでいるの？　どうして、やりなさいとイエスさまは言わないのか？」と言いたくなる時もありますし、また、マリアのように、「今は主のみもとで静まって安らぎを得たいのに、あれしろこれしろと言わないでほしい」と思う時もあるでしょう。

でも、ここでは、この二人を両極端な信仰の持ち主としてではなく、二人が姉妹として主を愛したその心を見ていきたいと思います。

最初にイエスさまを迎えたのはだれ？

仕事ばかりに気を取られているマルタではなく、熱心にイエスさまを慕い求めているマリアが迎えるように思いがちですが、マリアではなく、じつはマルタが最初にイエスさまを迎え入れます（三八節）。マルタとマリアの兄弟ラザロが死んだ時も、最初にマルタがイエスさまを迎えに行ったと、ヨハネの福音書には書いてあります（ヨハネ一一・二〇）。

ルカの福音書一〇章三八節に出てくる、この「迎え入れる」という古いギリシア語は、この形では新約聖書に四箇所しか出てこない特別な言葉（中動態）です。ザアカイがイエスさまを迎えた時や、ラハブが使いの者たちを家に迎え入れた時に使われています。この言葉は、ただ来たから迎えたというのではなく、「ゲストとして、とても親しみを感じ、喜んで」という意味があります。

ここで、マルタの行動は、イエスさまへの愛によることがわかると思います。マルタの行動は、神さまとの静寂な対話から始まっていました。マルタの行動の中には静けさがあったのです。

しかし、ここでマルタの心に変化が訪れます。

マルタの訴え

「主よ。私の姉妹が私だけにもてなしをさせているのを、何ともお思いにならないのですか。」

（ルカの福音書一〇章四〇節）

マルタがイエスさまに、文句を投げかけているようです。目の前にあるたくさんの仕事を自分だけ背負わせられて、妹は何もしていないとなれば、それはいらいらして当然のことです。わが家なら妻から蹴りが入るところです。

この主への訴えを聞くと、マルタはイエスさまとの大切な時間を忘れ、目の前のしなければいけないことだけを、ただやろうとしているように感じてしまいます。でも、マルタがイエスさまに問いかける、「私の手伝いをするように、おっしゃってください」(同四〇節)というギリシア語にはもっと深い意味があります。

この「手伝い」という古いギリシア語は、「共に担う、助ける」という意味があります。そのことを考慮してこの箇所を読むと、「私に手を貸して、私と一緒に」という意味になります。また、「もてなし」は、「奉仕」という深い意味で使われる言葉ですので、ここでは「まごころからのキリストへの奉仕」を指していると考えられます。

この二つ意味を考慮してマルタの訴えを読むと、ただ忙しいから手伝ってといっているのではなく、イエスさまへのもてなし(奉仕)のために、最初にマリアと二人で話し合ったであろうイエスさまへの愛ゆえに、最初の気持ちへ戻り、「共にイエスさまのために仕えたいのですが、イエスさま、マリアに言ってください」と言っていると理解できます。

マルタの葛藤の意味

マルタは「いろいろなもてなしのために心が落ち着かず」イエスさまのところに来て言ったとあります（四〇節）。「心が落ち着かず」とは、心が離れ、邪魔するものがある、間違った方向へ進んでいるという意味があります。マルタは葛藤していたのだと思います。でもそれは、忙しさゆえではなく、何もしないマリアへの憎らしい感情よりも、最初に心にあった、イエスさまへの愛が見えなくなってきてしまっている苦しさからの葛藤でした。

マルタは、自分の心の変化に気づいていました。自分の心から、キリストへの愛が消えていくことを感じていました。自分の力ではどうすることもできない弱さを感じ取っていました。本当はイエスさまへの愛だったはず。でも、だんだんそれ以外のものが心を支配してきてしまう苦しさの中にいました。

私たちも経験があると思います。最初は神さまへの愛で始めたことも、ずっとやっているとだんだん人間の思いが生まれ、その思いで完成させようとしてしまうことがあります。人よりも優れていると思うこととか、人よりもうまくできたとか、自分の達成感とか、優越感で終わってしまうことがあります。

「神さまのためにしていることだから、神さまだけがわかっていてくれればいい」と最初は思っています。でも、やり続けていれば、「ありがとう」とか、「いつも感謝します」と言われたいと思うのが人間です。お互いを励まし合うことが必要な弱い存在です。お互いに。私たちは、このマルタの葛藤がよくわかります。

イエスさまは、そんなマルタに向って言います。

「マルタ、マルタ、あなたはいろいろなことを思い煩って、心を乱しています。」

（四一節）

イエスさまは、決してマルタを責めたりはしませんでした。ここに出てくる「思い煩う」は、心に違うものがあるという意味です。そして、「心を乱す」とは、自分で自分を苦しめているという意味です。この二つの動詞は、ギリシア語では受動態で書かれています。ここには、イエスさまがマルタの心の状態を責めているのではなく、「心に違うものがあってつらいでしょう。心乱し、自分で自分を苦しめていたらつらいよ。私がここにいて、あなたを想っているこの思いで、その心を満たしてほしいと願っているのですよ」と、やさしく語りかけているように感じます。

奉仕を始めた時にはあった、わたしへの愛を取り戻してほしい、最初の心に戻ってほしい、と願っているようです。

もしかしたら、マリアも行動できない何らかの葛藤があったのかもしれません。姉のマルタを見て、いつも喜んで主に仕えることができるマルタをうらやましく、ねたましく、思っていたのかもしれません。

この箇所は、人を助けるとはどういうことかを教えている「良きサマリア人」の箇所と、祈る時にはこう祈りなさいと祈りについて教えている「主の祈り」の箇所に挟まれています。著者のルカがこのマルタとマリアの箇所を間に入れたのには意味があるはずです。ルカが一貫した流れの中で、この場面を書いていることを考えてみると、新しい見方が生まれてきます。

まず「良きサマリア人」の場面は、「何をしたら、永遠のいのちを受け継ぐことができるでしょうか」という律法学者の質問から始まります（ルカの福音書一〇章二五節）。イエスさまはそれは、「神を愛することです」と教えられました。それは、このマルタとマリアの箇所の背後にもある教えです。そしてその愛は、だれも寄りつかない隣人をも助ける〝行動の愛〟であることを「良きサマリア人」の箇所は教えてくれます。

でも、私たちは愛によって始めても、人間の思いで完成させようとしてしまう弱さがあること、そして、イエスさまはそんな私たちを責めないで、マルタのように自分で自分を苦しめている私をかえりみ、その葛藤に寄り添い、手を差し伸べてくださる。たとえ心乱してしまい、失敗してしまった奉仕であっても、本来の奉仕のあり方に導いてくださることを、この箇所で教えられます。

そして、そこにはマリアのように、主を慕い求める心があること。私たちも主に助けてくださいと祈り求める時、主が力を与えてくださることを教えられるのです。

マルタとマリアの行間物語

この箇所の行間を読むと、マルタとマリアはイエスさまの前で、こんな状況だったのかもしれないと想像してみました。もしかしたらマリアは体が弱く、あまり動けなかったのかもしれません。マルタはそんな妹を気づかって、自分がやるからと一生懸命準備をします。マリアはお姉さんの分までイエスさまの教えを学ぼうと一生懸命に聞いていたのかもしれません。二人はイエスさまのためにと、お互いにできることを一生懸命していました。

最初はそれでよかったのです。でも、お互いを見てしまい、相手をうらやみはじめてしまいました。でも、そこにイエスさまがいました。イエスさまはそんな二人を理解していました。心乱れているマルタには、「必要なことは一つだけです」と平安を与えます。行動できずにいるマリアにはそばに寄り添い、「行動するのが目的なのではなくて、まずはわたしの愛をしっかり受け取りなさい」と教えていたのかもしれません。

過越祭の六日前にもう一度、イエスさまはエルサレムに向かう前にベタニアに向かいました（ヨハネの福音書一二章一節）。それは、イエスさまが十字架に架かる直前の出来事です。そこに、「マルタは給仕し」とあります（同二節）。新しいマルタがそこにはいます。そこには、人を見てしまったゆえの葛藤を主の愛と哀れみによって乗り越え、再度、主のために給仕を喜んでしている新しいマルタの姿があります。

このヨハネの福音書の箇所は、ここで終わりません。最大のクライマックスに突入します。前回の場面では何もできずに、ただ座っていたマリア。でも、ここでは違いました。だれもしないような行動にでます。もしかしたら、とても不安で周りを気にして、怖気づいたことかもしれません。姉のマルタとの約束、または励ましがあったのでしょう。二人は以前の二人ではありません。二人で主に喜びをもって仕えようと一致しています。

マリアは、純粋な高価なナルドの香油でイエスさまの足を洗いました。しかも、自分の髪の毛を使って。最大の奉仕をもって、主を礼拝しました。二人で葛藤を乗り越えたからこそ、できる行動だったのかもしれません。ここに兄弟姉妹として、教会として主に仕える大切なことが隠されているように思います。

それは、お互いに何を、どうやってするのかではなく、ただ主を愛するというところで一致をもって、主に仕えていくということです。

私たちも何をするのかに目を留めるのではなく、主への愛ゆえにある行動として、仕えていきたいと思います。神さまへの愛から始まるものを人間の思いで完成するのではなく、主へ祈りつつ、神さまの愛として光を放っていきたいものです。

あとがき

この本を手に取って、読んでくださり、本当にありがとうございます。

私が学んだ大学院があったミシシッピーの首都ジャクソンの少し北に、デルタ地帯への入口のヤズーシティという町があります。そんな田舎の教会から学びに来ている新米牧師がクラスメイトでした。

ある時、彼に招かれてその町の教会に行ったことがあります。黒人たちの街デルタは、昼間なのに少し薄暗い感じがします。そこには約百年前、奴隷を売り買いしていたという道があります。黒人奴隷が家もなく、道の脇に住んでいたというその道を通りながら、彼らは日曜日だけ教会に来て、

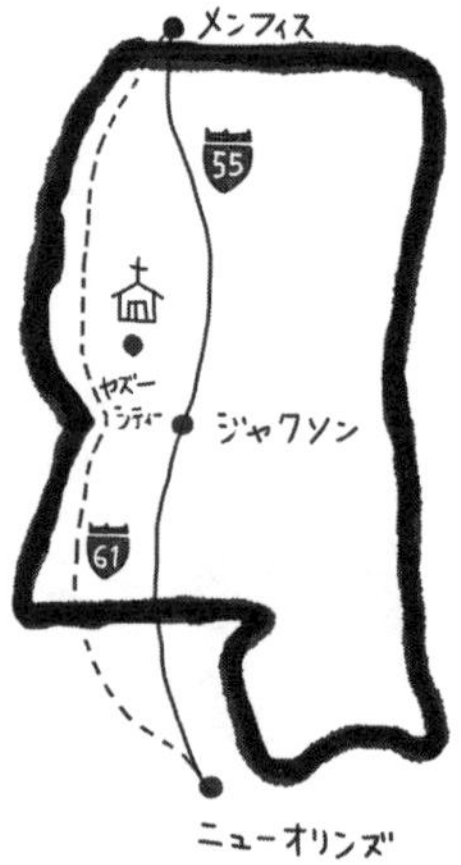

人間になれるんだという話を彼がしてくれました。そこで希望を歌う、それがカントリーブルース、黒人霊歌だと教わりました。

「日本人は初めてだ」と言われながら、教会の中に迎え入れてくれました。そこには長老として前に座る着飾った女性たちがいました。教会に行くということは、そこに自由がある。人間になれる。希望がある。それを誇りとして教会に行くというのです。礼拝が始まって、賛美で満ち溢れてたその時、私は仁王立ちでその場に立ち、大粒の涙が止まらず泣き続けることしかできませんでした。私の信仰の分岐点となる体験をしたのです。そこには静かな感動があったのです。それは何かというと、この本の主題となっている、「神さまから始まる」という体験でした。

黒人たちは奴隷だったとしても、希望を歌うのです。その希望は〝奴隷から解放される〟ということではないのです。奴隷として目の前にある苦悩のただ中に神さまを迎え入れるのです。〝神さまが希望だ〟と大胆に告白するわけです。

友人の牧師が教えてくれたのは、先祖である奴隷たちは自由を求めた。でもそれは、奴隷でなくなることではなく、自分が自分でいられることが自由なんだと歌っているということでした。その「自分」とは、神さまを希望とする「自分」なんです。

私はその大胆さに、その時の自分の小ささを目の当たりにしました。目の前の出来事に不安になったり、人と比べて自分はだめだと思ったり、奴隷ではないわけですから自由ですが、とても不自由だということに気づかされました。私もその教会に集っていた黒人たちのように、たとえ目の前に困難があろうとも、神を神とする自由を見いだせたら心が解放されるだろうなぁと、ここで初めて、超越した神さまと出会ったわけです。「神さまから始まる信仰がここにあるんだ」と感じた最初の体験でした。

私たちは、真実はなく物事は何でも自分の取りようだと主張するポストモダンの考えに影響されている時代に生きています。知らず知らずのうちに、私たちの信仰も自分勝手な解釈を土台としてしまっているかもしれません。内在的に人間から始まる信仰はどこか窮屈で理屈っぽいものです。何となく、そこから神さまの平和は始まらない気がします。それよりも黒人奴隷たちのように、目の前に苦悩があったとしても、神さまが私の希望であると大胆に告白する信仰者として生きていきたいと思います。その生き方を通して、神さまの平和は始まると信じています。みんなで共に神の平和を宣べ伝えていきましょう。

＊　＊

私を最後まであきらめずにアメリカで支えてくださった田代幸雄先生、暎子先生に感謝します。またミシシッピーで共に学んだ田代組のみんなに感謝します。修正をしてくれたただ君といのちのことば社の米本さん、いつも本のデザインを担当してくれる「Photo Salt.」のしおちゃん、また連載記事を使わせてくださった福音社の島田さんに感謝します。
私の左手を握りしめて愛を教えてくれた愛する妻と、尊敬する子どもたち三人に感謝を込めて。最後に、この本を読んでくださった神の家族の皆さんに感謝します。さーて、遣わされてまいりましょうぜ！

二〇二四年　春

中村　穣

※本書は単行本化するにあたり、以下の連載をまとめ、再構成しました。

Ⅰ　塀の中のあなたに送る片道書簡
（月刊『サインズ・オブ・ザ・タイムズ』福音社、二〇二一年一～十二月号）

Ⅱ　「わからない」ことの中で
（月刊『いのちのことば』「孤独の中の友へ」二〇二三年一～十二月号）

著者

中村　穣（なかむら・じょう）

日本の社会になじめず、18歳のときにアメリカへ家出。

ひとりの牧師に拾われて、アメリカでの生活が始まる。紆余曲折を経ながらも大学を卒業。助けられた恩師と同じ職に就きたいと、牧師になる決意を固める。

2009年、米国のウェスレー神学大学院を卒業し、帰国。上野の森キリスト教会で宣教主事として奉仕。2014年から飯能の山キリスト教会を立ち上げ、教会カフェを始める。現在、地元の聖望学園で聖書を教えつつ、ＪＴＪ宣教神学校でキリスト教思想史哲学、クリスチャンライフ学院で霊性の神学を担当している。

著書に、『信じても苦しい人へ　神から始まる「新しい自分」』『366日ディボーション　弱さと闇を照らす光』（以上、いのちのことば社）がある。

Café Living Room 61

▼HP

聖書 新改訳 2017© 2017 新日本聖書刊行会
聖歌 476 番 © 中田羽後（教文館）

うめきから始まる信仰
信じても、まだちょっと苦しい人へ

2024年４月20日　発行

著　者　中村　穣
印刷製本　日本ハイコム株式会社
発　行　いのちのことば社
〒164-0001 東京都中野区中野2-1-5
電話 03-5341-6924（編集）
03-5341-6920（営業）
FAX03-5341-6921
e-mail:support@wlpm.or.jp
http://www.wlpm.or.jp/

ISBN 978-4-264-04480-2